共同富裕下
基于企业社会责任的供应链利益分配优化研究

王桂花 著

东南大学出版社
SOUTHEAST UNIVERSITY PRESS
·南京·

内容提要

本书立足扎实推进共同富裕的时代背景,对供应链企业社会责任的内涵、构成和实现模式等进行了清晰界定,构建了供应链社会责任分层可持续发展的模型,为引导供应链企业履行社会责任、带动中小企业利益相关者共同致富提供参考;同时,基于中小企业利益相关者的公平关切,借助Shapley值法、博弈论等方法,构建了基于企业社会责任的供应链利益分配模型,并进行了系统优化和案例论证,提出了共同富裕下供应链利益分配优化策略,为加快推动供应链企业履行社会责任、构建和谐合作关系、协调利益分配和高质量发展提供思路和借鉴。本书可以为供应链管理从业者、学者以及企业管理者、政府相关人员开展相关研究和制定相关政策提供参考。

图书在版编目(CIP)数据

共同富裕下基于企业社会责任的供应链利益分配优化研究 / 王桂花著. — 南京:东南大学出版社,2024.7
ISBN 978-7-5766-1119-9

Ⅰ.①共… Ⅱ.①王… Ⅲ.①企业管理-供应链管理-社会责任-研究 Ⅳ.①F274

中国国家版本馆CIP数据核字(2023)第252864号

责任编辑:戴坚敏　　责任校对:子雪莲　　封面设计:顾晓阳　　责任印制:周荣虎

共同富裕下基于企业社会责任的供应链利益分配优化研究
Gongtong Fuyu Xia Jiyu Qiye Shehui Zeren De Gongyinglian Liyi Fenpei Youhua Yanjiu

著　　者	王桂花
出版发行	东南大学出版社
出 版 人	白云飞
社　　址	南京市四牌楼2号　邮编:210096
网　　址	http://www.seupress.com
电子邮箱	press@seupress.com
经　　销	全国各地新华书店
印　　刷	广东虎彩云印刷有限公司
开　　本	700 mm×1000 mm　1/16
印　　张	11.75
字　　数	265千字
版　　次	2024年7月第1版
印　　次	2024年7月第1次印刷
书　　号	ISBN 978-7-5766-1119-9
定　　价	69.00元

(本社图书若有印装质量问题,请直接与营销部联系。电话:025-83791830)

前言

共同富裕是社会主义的本质要求,是中国式现代化的重要特征。党的十八大以来,党中央、国务院带领全党全国各族人民取得了脱贫攻坚的全面胜利,为扎实推动共同富裕奠定了坚实基础。党的二十大报告提出中国式现代化是全体人民共同富裕的现代化。中央财经委员会第十次会议强调,要在高质量发展中促进共同富裕,就要构建初次分配、再分配、三次分配协调配套的基础性制度安排。基于企业社会责任的供应链利益分配优化是现阶段全面提升供应链现代化水平、实现共同富裕的有效路径。

当前共同富裕的实现,主要面临"蛋糕"很难迅速做大与"蛋糕"分配不公两方面的挑战,前者表现为经济增速下行压力有增无减,后者体现为利益失衡与贫富差距悬殊导致诸多社会问题与矛盾相互交织,如中小企业和源头小农户等群体由于长期在供应链中缺失话语权和主体地位,一直面临着利益被挤压和边缘化的不公平处境,严重影响了供应链安全稳定和共同富裕进程。要真正解决共同富裕这两方面的问题,迫切需要改变当前企业追求自身利益最大化的盈利模式,构建公平合理的供应链利益分配模式,带动所有供应链企业共同发展致富。

为切实夯实共同富裕实现基础，助力供应链"做大蛋糕"和"分好蛋糕"，本书结合当前构建新发展格局和推动高质量发展战略，立足中小企业和源头小农户等利益相关者的公平关切，探索共同富裕下基于企业社会责任的供应链利益分配优化策略。

其一，在企业社会责任界定的基础上，构建企业社会责任分层可持续模型，为企业推进社会责任履行提供了清晰的思路；同时，分析供应链社会责任内化动因，构建供应链社会责任分层可持续模型，为后续供应链合作关系和利益分配研究提供了理论依据。

其二，对企业社会责任履行水平进行可拓评价，并纳入企业社会责任因素，构建供应链合作收益矩阵和博弈模型，揭示企业履行社会责任与供应链合作的影响关系，最后，从企业社会责任和公平关切的角度提出供应链合作关系优化策略。

其三，纳入企业社会责任要素，构建供应链常见的四种合作情形的收益模型和利益分配模型，并立足利益相关者的公平关切，揭示企业履行社会责任与供应链整体收益及节点企业收益的影响关系，为供应链优化及企业社会责任推进的研究与实践提供了价值参考。

其四，剖析宝洁公司与沃尔玛供应链从你死我活的利益纷争到利益共享的演变过程，生动演绎了供应链龙头企业履行社会责任、公平关切中小企业利益相关者、"做大蛋糕"和"分好蛋糕"的做法和经验，验证了基于企业社会责任的供应链利益分配优化的理论假设，为提升供应链现代化水平和实现共同富裕提供路径参考和经验借鉴。

其五，以小农户为例，分析了当前小农户参与农产品供应链的模式和利益分配问题，进而基于企业社会责任探索共同富裕下供应链利益分配的优化策略，为全面助力新发展格局构建和高质量发展提供决策参考和经验借鉴。

本书分为八章，第一、二章主要阐述背景，梳理理论基础，并提出现实问题；第三章在对企业社会责任和供应链社会责任的概念及内容进行界定的基础上，构建了企业社会责任分层界定模型和供应链社会责任分层界定模型；第四章研究了基于企业社会责任的供应链合作博弈，构建了供应链合作伙伴选择的博弈模型，并进行了求解和优化；第五章构建了基于企业社会责任的供应链利益分配模型,并对其做了修正;第六章系统介绍了"宝玛"供应链社会责任推进及利益分配优化案例;第七章对共同富裕下基于企业社会责任的供应链利益分配优化进行了探讨;第八章为结论与展望。

全书由理论到实践,由浅入深,层层递进,既丰富了企业社会责任、供应链管理、共同富裕等相关理论,为供应链企业推进社会责任、促进共同富裕提供了新的思路和方法,又演绎了供应链企业履行社会责任"做大蛋糕"和"分好蛋糕"的经验做法,为提升供应链现代化水平和实现共同富裕提供了路径参考和经验借鉴。

作 者

2024 年 6 月

目录

第一章　绪论 …………………………………… 001
　1.1　研究背景 ………………………………… 001
　1.2　研究目的及意义 ………………………… 016
　1.3　研究内容及创新点 ……………………… 018
　1.4　研究思路及方法 ………………………… 020

第二章　理论基础和问题提出 ………………… 023
　2.1　供应链利益分配研究现状 ……………… 023
　2.2　供应链合作关系研究现状 ……………… 029
　2.3　企业社会责任研究现状 ………………… 034
　2.4　研究评述及问题提出 …………………… 041
　2.5　本章小结 ………………………………… 042

第三章　供应链企业社会责任界定及分层模型构建
　　　　…………………………………………… 043
　3.1　企业社会责任的概念及内容界定 ……… 043
　3.2　企业社会责任层次理论 ………………… 053
　3.3　企业社会责任分层界定及模型构建 …… 058
　3.4　供应链社会责任概念和内容界定 ……… 065

3.5 供应链社会责任问题研究 ·········· 068
3.6 供应链社会责任分层界定及模型构建 ·········· 077
3.7 本章小结 ·········· 080

第四章 基于企业社会责任的供应链合作博弈研究 ·········· 081
4.1 共同富裕下供应链合作关系问题分析 ·········· 081
4.2 企业社会责任履行水平的量化研究 ·········· 085
4.3 供应链合作伙伴选择的博弈模型及求解 ·········· 095
4.4 企业社会责任履行水平与供应链合作伙伴选择的影响机理
·········· 099
4.5 共同富裕下供应链合作关系优化 ·········· 102
4.6 本章小结 ·········· 105

第五章 基于企业社会责任的供应链利益分配模型构建与修正 ·········· 106
5.1 共同富裕下供应链利益分配问题分析 ·········· 106
5.2 基于企业社会责任的供应链收益模型构建 ·········· 107
5.3 供应链利益分配的 Shapley 值模型与求解 ·········· 113
5.4 基于企业社会责任的收益分配修正模型构建与求解 ·········· 115
5.5 企业社会责任履行水平与供应链收益的影响分析 ·········· 117
5.6 本章小结 ·········· 123

第六章 案例分析——"宝玛"供应链社会责任推进及利益分配优化启示 ·········· 124
6.1 背景介绍——早期沃尔玛社会责任缺失 ·········· 124
6.2 沃尔玛社会责任分层可持续模型及推进 ·········· 128
6.3 基于企业社会责任的"宝玛"合作关系优化及利益共享 ·········· 133
6.4 "宝玛"供应链社会责任的推进及启示 ·········· 138
6.5 本章小结 ·········· 139

第七章　共同富裕下基于企业社会责任的供应链利益分配优化分析 ·············· 140

　7.1　当前供应链利益分配不合理引发的系列问题分析 ·········· 140

　7.2　当前小农户参与农产品供应链的模式和利益问题分析 ······ 143

　7.3　共同富裕下基于企业社会责任的供应链利益分配优化对策
　　　·············· 149

　7.4　本章小结 ·············· 154

第八章　结论与展望 ·············· 155

　8.1　研究结论 ·············· 155

　8.2　研究不足与展望 ·············· 157

参考文献 ·············· 158

第一章 绪论

1.1 研究背景

消除贫困、实现共同富裕是人类梦寐以求的共同理想,也是全球性难题,即使是在科技发达、商品丰盈、社会进步的今天,消除贫困仍然是世界各国,特别是广大发展中国家面临的重要任务,也是当今世界面临的最大的全球性挑战。《联合国宪章》《世界人权宣言》《经济、社会及文化权利国际公约》都把消除贫困、实现发展作为基本人权。2015 年,在联合国发展峰会上,世界各国领导人共同通过了以消灭贫困为首要目标的《联合国 2030 年可持续发展议程》。国务院发布的《人类减贫的中国实践》白皮书指出,2020 年中国提前 10 年完成了《联合国 2030 年可持续发展议程》减贫目标,现行标准下 9899 万农村贫困人口全部脱贫,832 个贫困县全部摘帽,完成了消除绝对贫困的艰巨任务[①]。在消除绝对贫困的历史任务完成后,《中共中央 国务院关于实现巩固拓展脱贫攻坚成果同乡村振兴有效衔接的意见》《中共中央 国务院关于全面推进乡村振兴加快农业农村现代化的意见》和《"十四五"推进农业农村现代化规划》等文件先后印发,对做好巩固拓展脱贫攻坚成果同乡村振兴有效衔接各项工作重要部署和安排,聚焦重点人群、持续增收、重点区域、工作落实和系统建设等方面,采取一系列政策措施,持续推动巩固拓展脱贫攻坚成果再上新台阶[②]。

党的二十大明确提出,中国式现代化是全体人民共同富裕的现代化,要求

---

① 习近平:《中国将采取务实举措,继续支持联合国 2030 年可持续发展议程(英文)》,《重庆与世界》,2022 年第 7 期。
② 宋洪远,江帆:《中国与世界反贫困实践经验和理论的历史比较研究》,《经济评论》,2023 年第 3 期。

完善收入分配机制,带动低收入群体共同致富①。在当前实现共同富裕的进程中,低收入的中小微企业和小农户是关键承载主体,迫切需要吸纳他们加入供应链,公平关切他们的切身利益,公平共享供应链收益;同时,将基于企业社会责任的"第三次分配"作为调节收入分配、实现共同富裕的有效路径,旨在处理效率和公平的关系,优化供应链收益分配机制,带动中小微企业和小农户增强致富能力、实现持续增收。企业社会责任履行水平反映了供应链成员企业合作共赢的意愿和贡献,直接关系着供应链服务和获益水平。当前形势下基于企业社会责任研究供应链收益分配问题,是提升产业链供应链稳定性和竞争力的迫切之举,既有助于保障供应链成员企业利益,实现所有利益相关者的共同富裕,又能加快推进企业社会责任履行,实现经济、社会和环境的可持续发展。

1.1.1 中国式现代化是全体人民共同富裕的现代化

共同富裕是中国式现代化的重要特征。党的十八大以来,习总书记反复强调,"实现共同富裕,是社会主义的本质要求""我们追求的发展是造福人民的发展,我们追求的富裕是全体人民共同富裕"。让广大人民群众共享改革发展成果,是社会主义的本质要求,更是社会主义制度优越性的集中体现,是中国共产党坚持全心全意为人民服务根本宗旨的重要体现②。以上论断进一步揭示了共同富裕作为社会主义本质要求的深刻蕴含,彰显了21世纪马克思主义的理论境界和思想智慧③。实现全体人民的共同富裕,确保人民共享改革发展成果,是中国共产党的长期奋斗目标。经过全党和全国各族人民70年的持续奋斗,中国在2020年消除了绝对贫困,全面建成小康社会,但相对贫困还会长期存在,在开启全面建设社会主义现代化强国新征程上,迫切需要把促进全体人民共同富裕摆在更加重要的位置。共同富裕是消除相对贫穷和两极分化基础之上的普遍富裕,通过共享改革发展成果,实现人的全面发展和社会的全面进步④。

---

① 张翼:《中国式现代化是全体人民共同富裕的现代化》,《中国社会科学报》,2023年2月14日。
② 程刘畅:《习近平关于共同富裕的重要论述探析》,《南京邮电大学学报(社会科学版)》,2023年第5期。
③ 顾海良:《共同富裕是社会主义的本质要求》,《红旗文稿》,2021年第20期。
④ 韩保江:《实现全体人民共同富裕:逻辑、内涵与路径》,《理论视野》,2021年第11期。

2021年中央财经委员会第十次会议提出:将考虑企业社会责任的"第三次分配"作为调节收入分配、实现共同富裕的有效路径,旨在处理效率和公平的关系,通过构建合理的利益分享机制,使小微企业和弱小农户等资源贫乏群体在参与供应链中提高创富能力、实现收入增长[①]。2021年12月,中央经济工作会议提出要正确认识和把握实现共同富裕的战略目标和实践途径。广大中小微企业和小农户将是推进共同富裕最重要的承载平台之一。中小微企业和小农户是国民经济的毛细血管和微观细胞,在保障城市运行和百姓正常生活方面发挥着不可代替的作用。

共同富裕的实现,主要面临"蛋糕"很难迅速做大与"蛋糕"分配不公两方面的挑战,前者表现为经济增速下行压力有增无减,以及同质化内卷问题突出;后者体现为利益失衡与贫富差距悬殊导致诸多社会问题与矛盾相互交织[②]。因此,迫切需要增强龙头企业社会责任意识,发展多样化的联合与合作,完善与各类经营主体的联结机制,积极投身"扶持中小微企业"和"万企兴万村"助力乡村振兴活动,把产业链增值收益更多留给中小微企业和小农户,促进共同富裕。

1.1.2 践行企业社会责任是破除利益固化藩篱、实现共同富裕的重要抓手

企业社会责任履行水平反映了供应链成员企业合作共赢的意愿和贡献,直接关系着供应链服务和获益水平。现有研究广泛论证了中小微企业和小农户等资源贫乏群体加入供应链,有助于提高收入水平,实现产业兴旺和共同富裕[③④⑤]。但实际运作中,因供应链企业自身利益最大化的追求和

---

① 马文武,苗婷:《新发展阶段第三次分配促进共同富裕的逻辑与实践》,《财经科学》,2023年第3期。
② 陈友华,孙永健:《共同富裕:现实问题与路径选择》,《东南大学学报(哲学社会科学版)》,2022年第1期。
③ 张悦:《农产品供应链变革对小农户的影响及我国的对策》,《宏观经济研究》,2012年第9期。
④ 蒋永穆,刘虔:《新时代乡村振兴战略下的小农户发展》,《求索》,2018年第2期。
⑤ 颜廷武,张童朝,贺孟业,等:《农产品供应链对农户减贫增收的关联效应分析——基于滇、桂、苏、闽四省(区)的实证》,《农业现代化研究》,2015年第6期。

社会责任的缺失,中小微企业和小农户一直面临着利益被挤压和边缘化的不公平处境[1][2],而基于企业社会责任的视角的供应链利益协调,有助于构建合理的利益分配机制,实现利益相关者的共同发展[3]。

(1) "有效统筹效率和公平"利益分配政策的转变

2021年8月17日,中央财经委员会第十次会议强调:"共同富裕是社会主义的本质要求,是中国式现代化的重要特征。"当前,我国经济分配政策已经从"效率优先,兼顾公平"转向"有效统筹效率和公平",从"让一部分人先富起来"的阶段到"先富带动后富,最终实现共同富裕"的阶段。在推动共同富裕的新征程中,龙头企业具有十分重要的地位和作用。如卫龙集团积极响应国家号召,以人民群众为主,勇于创新,为推动共同富裕夯实高质量发展基础;不断身体力行,做出表率,助力当地经济长远可持续发展,缔造出真正的"卫龙美味",为企业的长足发展提供源源不断的动力,用行动践行着"做好蛋糕、做大蛋糕、分好蛋糕"。

(2) 企业自身的基业长青

传统的企业理论认为,企业践行社会责任是纯粹的付出,与企业的目标是矛盾的。然而社会责任理论认为,企业终究是社会的一个分子,企业是否能够基业长青取决于其能否为社会做出贡献。龙头企业只有超越传统的经济利益最大化的思维,将个人利益、企业经营融入社会的整体利益之中,才能得到社会各方的信任与尊敬,才能实现更大的发展。

(3) 社会的和谐稳定的维护

改革开放以来,我国的基尼系数逐步升高。国家统计局数据显示,1978年中国收入基尼系数为0.317,2008年达到0.491后开始下降,但近年来一直在高位运行,2020年为0.465。近几年,量化宽松的货币政策下不同资产的涨幅不同,进一步拉大了贫富差距。对此,迫切需要引导企业积极践行社会责任,发挥第三次分配作用,助力促进公平正义、缩小贫富差距,维护社会

---

[1] 阮文彪:《小农户和现代农业发展有机衔接——经验证据、突出矛盾与路径选择》,《中国农村观察》,2019年第1期。

[2] 刘同山,孔祥智:《小农户和现代农业发展有机衔接:意愿、实践与建议》,《农村经济》,2019年第2期。

[3] 许芳,刘爽,徐国虎:《"公司+农户"农产品供应链中农户公平关切分析》,《当代经济》,2018年第10期。

和谐稳定[①]。

1.1.3　关切供应链利益分配是帮扶中小微企业稳定发展、实现共同富裕的必由之路

中小微企业是我国国民经济的重要组成部分,是社会主义市场经济的基本细胞。长期以来,国家十分重视中小微企业的作用。"十四五"规划建议指出,要"发挥大企业引领支撑作用,支持创新型中小微企业成长为创新重要发源地,加强共性技术平台建设,推动产业链上中下游、大中小企业融通创新"。经济生活当中,中小微企业往往在产业链上承担着为大企业提供配套服务的生产任务,只有促进上下游、产供销、大中小微企业整体配套、协同,才能形成统一大市场,做到全国一盘棋;只有以大带小、上下联动、内外贸协同,打通产业链、供应链,经济机体才能进入良性循环。为履行坚定不移建设制造强国和网络强国的使命,我国正在强化创新驱动发展,推进产业基础高级化、产业链现代化,激发市场活力,构建大中小微企业融通创新的产业生态[②]。

中小微企业是国民经济的毛细血管和微观细胞,在保障城市运行和百姓正常生活方面发挥着不可替代的作用。面对需求收缩、供给冲击、预期转弱三重压力,中小微企业生产经营压力普遍较大,为切实替中小微企业纾困解难,加大保障扶持力度,一波更精准、更实在、更给力的中小微企业帮扶政策"诚意而至"。2020年5月27日,根据国务院金融委统一部署,发改委、财政部、中国人民银行、银保监会、证监会、外汇局等金融委成员单位推出11条金融改革措施。6月1日,中国人民银行会同银保监会、发改委等8个部委出台《关于进一步强化中小微企业金融服务的指导意见》,包含30条政策措施,要求强化中小微企业金融服务,推动金融支持政策更好适应市场主体的

---

① 闫志军:《践行社会责任　助力共同富裕——北京民营企业的实践与思考》,《可持续发展经济导刊》,2021年第9期。
② 《〈中共中央关于制定国民经济和社会发展第十四个五年规划和二〇三五年远景目标的建议〉辅导读本》,北京:人民出版社,2020年,第71页。

需要,促进中小微企业融资规模明显增长、融资结构更加优化①。7月24日,工业和信息化部联合国家发改委、科技部、财政部等17个部门共同印发《关于健全支持中小企业发展制度的若干意见》,提出完善支持中小企业发展的基础性制度、坚持和完善中小企业财税支持制度、坚持和完善中小企业融资促进制度等7方面25条具体措施。2022年2月2日,财政部、工业和信息化部联合印发《关于支持"专精特新"中小企业高质量发展的通知》,提出加快培育一批专注于细分市场、聚焦主业、创新能力强、成长性好的专精特新"小巨人"企业。明确2021年至2025年,中央财政累计安排100亿元以上奖补资金,带动1万家左右中小企业成长为国家级专精特新"小巨人"企业。实现小微企业贷款"增量、提质、扩面",帮助小微企业渡过难关,全面支持稳企业保就业②。

1.1.4 优化供应链利益联结是推进乡村振兴战略、实现共同富裕的重要路径

促进农民持续增收,实现共同富裕,是实施乡村振兴战略的中心任务,乡村振兴的关键是构建畅通的农产品供应链体系。当前我国农产品供应链普遍存在着成本高、损耗大、服务水平低、质量保障缺乏等问题,过大的利益偏差或不公平的利益分配导致农产品供应链节点企业"两败俱伤",尤其作为农产品供应链主力军和供应源头的农户,一直面临着利益被挤压和边缘化的不公平处境,缺少在供应链中的话语权和主体地位,导致增收困难。从企业社会责任的视角优化农产品供应链所有参与主体、利益相关者的合作关系和利益分配,加快构建畅通高效、贯通城乡、安全规范的农产品供应链体系建设,是当前必要且亟待解决的问题,一方面有助于全面提升农产品供应质量和农产品流通效率,拓宽农民增收渠道,助力消费升级;另一方面有助于保障农产品的优质供给,加快城乡经济循环,为乡村振兴和新发展格局构建提供坚实保障。

---

① 马腾跃:《人民银行等八部门出台指导意见 进一步强化中小微企业金融服务》,《中国金融家》,2020年第6期。
② 董志勇、李成明:《"专精特新"中小企业高质量发展态势与路径选择》,《改革》,2021年第10期。

打赢脱贫攻坚战为实施乡村振兴战略奠定了基础。经过8年的持续奋斗,全国832个贫困县全部脱贫,现行标准下近1亿贫困人口实现脱贫,区域性整体贫困彻底解决,提前10年实现《联合国2030年可持续发展议程》减贫目标,取得了令全世界刮目相看的重大胜利。在脱贫攻坚取得决定性胜利的背景下,2021年的政府工作报告把"全面实施乡村振兴战略,促进农业稳定发展和农民增收"列为2021年重点工作。如何全面提升农产品供应链水平,全力打通农产品上行供应链,让农民在家门口就能就业增收致富,加快推进农业农村现代化进程,是当前乡村振兴战略首要解决的迫切问题。

近几年,新冠病毒感染和贸易冲突导致供应链中断和农产品滞销,加剧了农产品供应链在源头供应安全得不到有效保障、农户利益被挤压、产销不平衡等方面的问题,严重危害农户利益和农产品流通效率,迫切需要农产品供应链龙头企业能履行社会责任、关切农产品供应链源头农户的利益,优化农产品供应链合作关系和利益分配方案,构建公平合理的利益联结机制,全面推动农产品供应链提质增效,为乡村振兴赋能、为全面助力新发展格局构建和实现共同富裕提供源动力。

1. 完善农产品供应链体系,是助力实现乡村振兴和持续减贫的长久之策

完善农产品供应链,补强农产品供应链体系薄弱环节,提高农产品产销流通效率,降低农产品营运成本,是实现乡村振兴和农户可持续生计的长久之策。通过产业扶贫健全农产品供应链体系实现产业振兴,可以变输血式扶贫为造血式扶贫、变开发式扶贫为参与式扶贫,增强贫困地区内生发展动力,强化农户的供应链主体地位,促进资源整合,带动乡村人口回流,加速特色农业品牌的打造,扩大就业,让贫困户能参与、能融入、有收入,让年轻人在农村安心留下,实现生计可持续;让企业有回报、可持续、可发展,长期留在农村整合资源,健全农业产业链构建,助力实现乡村振兴和全民脱贫。产业扶贫涉及适用范围广,扶贫力度大,带动脱贫群众多,是实现乡村振兴和农户可持续生计的长久之策。

完善农产品供应链体系,有利于分散农户资源的有机整合。在产业扶贫和农产品产业链的构建过程中,能够促进和实现相关政府部门、企业、合作社、贫困户等资源之间有机整合,借助这些资源的优化配置,整合技术、信

息、资本、土地、劳动等要素来共同发展产业,并充分发挥各自优势来促进当地农产品产业链健康发展,同时通过优化利益联结机制,协调扶贫主体与贫困户之间的合作关系,保障双方达成自身利益目标、实现双赢。

完善农产品供应链体系,强化农户的供应链主体地位,有利于提升贫困农户的脱贫内生动力。"扶贫先扶志,脱贫靠自己"。产业扶贫和完善农产品产业链可以为贫困户提供一定的就业岗位和工作培训,提升贫困户的价值感,从而提升他们工作的积极性,激发他们脱贫的内生动力,实现从原来的"强制脱贫"到"自主脱贫"的转变。

完善农产品供应链体系,还有利于带动乡村人口回流。健全的农产品供应链会产生更多的就业岗位,吸引农民工、大学生甚至外地人才等人员下沉到乡下,激发他们的创业热情,有利于激活农村资源要素,培育发展新功能,促进农民就业增收,是发展农村经济和脱贫攻坚的重要力量,也是实施乡村振兴战略的重要内容,会为其打下坚实的基础。

完善农产品供应链体系,有利于加速特色农业品牌的打造。健全的农产品产业链有助于整合特色资源,打造成特色产业,推动形成特色品牌,将"特色"转变为市场优势、经济优势。如通过打造"一村一品""一乡一特""一县一业",将特色种养业、加工流通业、文化型旅游业、县域商业等依托新业态形成健全的产业链,促使一、二、三产业融合发展,进而提升区域品牌知名度,通过发展订单生产、生产托管、土地流转、资产租赁等方式,带动贫困户发展特色产业,实现彻底的脱贫增收,有效防止贫困农户脱贫返贫,全面推进乡村振兴战略[①]。

完善农产品供应链体系,让企业有回报、可持续、可发展,让贫困户能参与、能融入、有收入,才能彻底解决农户脱贫和防返贫的问题,让年轻人在农村安心留下、持久发力,让企业长期留在农村发展,整合资源,健全农业产业链构建,助力实现乡村振兴和持续减贫。

2. 提升农产品供应链水平,是促进脱贫攻坚与乡村振兴有效衔接的重要手段

党的十九大以来,党中央围绕打赢脱贫攻坚战、实施乡村振兴战略作出

---

① 田耿文:《发挥特色产业助力扶贫作用》,《经济日报》,2019年10月28日。

一系列重大部署,出台一系列政策举措,其中完善农产品供应链体系建设,提升农产品供应链水平是促进脱贫攻坚与乡村振兴有效衔接的关键。借助农产品供应链水平提升,加强脱贫攻坚与乡村振兴的衔接,对于巩固脱贫攻坚成果、推动乡村全面振兴、实现共同富裕具有重大意义。但目前在推动脱贫攻坚与乡村振兴有效衔接过程中还存在一些困难和问题,如农民增收难、脱贫人员返贫压力大等。

其一,现代农业发展乏力,城乡二元经济结构转化滞后。改革开放以来,我国农业现代化水平虽然得到了快速提升,但仍滞后于城镇化、工业化进程。统计数据显示,1978年至2022年,我国农业增加值占国内生产总值的比重从27.7%下降至7.3%,部分地区出现农业萎缩问题。

其二,产业扶贫"跑偏走样"。产业是脱贫的根本,产业兴旺是乡村振兴的核心。一些贫困县产业发展与精准脱贫"两张皮",产业发展轰轰烈烈,但贫困群众参与度不高,没有从产业中获得应有收益;有的简单的把"坐地分红"作为利益联结机制,贫困户深入参与不够;有的产业选择不科学、品种引进不适宜、技术服务不到位,抵御自然灾害和市场风险的能力不足;有的产业项目不研究市场,盲目跟风,导致"增产不增收"[①]。部分乡村未形成可持续发展产业,依赖财政投入,获得帮扶的产业一般是专项的、单一的产业,且多集中在农业,扶贫产业有同质化和低端化倾向。

其三,扶贫资产运营管理落后。由于扶贫资金来源渠道众多,投入方式多样,贫困地区形成了一些扶贫资产,但由于长期运营管理机制不健全,部分扶贫资产难以发挥长期效益。不同类型扶贫形成的资产路径及性质千差万别,权利归属界定难度较大,在资产实际运营过程中,一些产业项目缺乏精细谋划,实施主体选择缺乏市场机制,收益分配缺乏持续精准,导致部分资产陷入"管不好""还想管"等困境[②]。

其四,农村空心化、人口老龄化日益严重,贫困群众脱贫内生动力不足。数据显示,1978年至2019年,农村人口占比从82.1%下降至39.4%,部分

---

① 严东权:《学习领会习近平总书记产业扶贫重要论述 坚决打赢产业精准脱贫三年攻坚战》,《农民科技培训》,2019年第3期。
② 施海波,李芸,张姝,等:《精准扶贫背景下产业扶贫资产管理与收益分配优化研究》,《农业经济问题》,2019年第3期。

地区出现农村空心化、人口老龄化、贫困群众脱贫内生动力不足等问题①。尤其是随着城镇化快速推进,农村大量青壮年劳动力进城务工和安家落户,导致农村人口老龄化、村庄空心化、"三留守"等问题日益严重。一些地方不仅村"两委"成员存在年龄老化、文化程度偏低的现象,而且还有不少年轻的乡镇公务员因自身生活的诸多困难未得到解决,而对扎根乡村缺乏热情、流动性大,乡镇青年公务员队伍的不稳定,无疑也会影响乡村振兴战略的顺利实施。如何留住人尤其是留住年轻人,是当前乡村振兴和防贫减贫面临的共同问题②。脱贫攻坚产业布局,既要考虑产业项目发展的可持续性,也必须考虑产业项目对年轻人的吸引力,要因地制宜,有条件的地方要尽量走产业融合之路,通过第三产业吸引年轻人,由此引导他们向第一、二产业转移下沉,实现产业留人③。当前,在各乡镇村庄中,人才短缺、空心化、人口老龄化已经成为其面临的主要难题。

其五,贫困群众脱贫内生动力不足,"等靠要"思想严重。贫困群众脱贫内生动力不足,参与主动性不高,一些地方甚至出现"干部大干,群众迷茫"的现象。一些贫困群众怕承担风险,不愿参与产业扶贫项目,"等靠要"思想较为严重,究其原因主要是群众依赖思想严重,对脱贫攻坚理解不透彻,不主动创新谋路子,即使得到帮扶,也是治标不治本,严重阻碍了脱贫攻坚的进程。在今后的政策引导方面,要改进帮扶方式,更多采取以工代赈、以奖代补、劳务补助等手段,动员小农户参与扶贫项目和农产品供应链,分享项目及供应链收益。精准脱贫最终还是需要靠贫困群众的脱贫内生动力,鼓励各地因地制宜探索多种教育扶贫和产业扶贫方式,加强教育引导和技术培训,引导和鼓励贫困群众靠自己的努力改变命运,增强贫困群众自我发展的能力和信心,让脱贫具有可持续的内生动力。

其六,农业劳动力人力资本水平较低,农民增收难度加大。由于教育、医疗等公共服务供给长期不足,农村劳动力的人力资本投资处于较低水平,全国91.8%的农业从业人员仅具备初中及以下文化水平,西部和东北地区接受高中及以上教育的农业从业人员比重不超过7%,他们缺乏相应的技术知识和经

---

① 中国科学院中国农村发展报告课题组:《走中国特色的乡村全面振兴之路》,《东方城乡报》,2018年11月13日。
② 拓兆兵:《脱贫攻坚为乡村振兴打牢基础》,《经济日报》,2018年4月13日。
③ 周文丽:《协调推进脱贫攻坚战与乡村振兴战略》,《中外企业家》,2018年第5期。

营能力,难以在农产品供应链中占有主体地位,致使增收难度加大。

完善农产品供应链体系建设,创新农产品产业链、价值链,高效链接"农民"和"市民",对于推进乡村振兴、实现共同富裕有着重要的现实意义。"十四五"期间,提升农产品供应链现代化水平,补齐农产品流通设施短板,打通农产品流通"大动脉",完善产区"最初一公里"产地流通设施,提升城市一刻钟商圈"最后一公里"惠民工程,是推动农产品流通高质量发展的重中之重。2021年的中央一号文件提出,依托乡村特色优势资源,打造农业全产业链,推进公益性农产品市场和农产品流通骨干网络建设。按照构建新发展格局和全面推进乡村振兴的新要求,瞄准存在的问题,采取针对性措施,全面强化农产品批发市场整体功能,提升农产品供应链现代化水平①。

第一,加快数字化升级,完善现代流通方式。中国的农产品批发市场承担了70%的生鲜农产品流通,80%的进口农产品也经由批发市场流转。而欧美、日韩等国家的批发市场虽然起步较早,如美国、法国、西班牙、日本等国分别在20世纪初至20世纪20年代出现了第一批现代意义上的批发市场,但经过近一个世纪的发展,批发市场在这些国家农产品流通体系中所占份额已逐渐下降。美国下降至20%,欧洲发达国家如法国,亚洲发达国家如日本、韩国,均下降至50%左右。可见中国的农产品批发市场建设至关重要。一是加快农产品批发市场的数字化,完善批发市场数字化指挥调度平台、供应链服务平台和市场运行大数据中心等基础设施,以新基建促新农批。二是加快农产品批发市场的线上线下融合发展,大力发展电子商务,拓展线上线下销售渠道,全面打通线上线下紧密结合、互融发展的营销通道。三是创新流通方式,加快农村冷链物流建设和城市社区直供直销网点建设,完善产地、批发市场直销社区的智能物流配送体系,借助"互联网+"推进农产品出村进城和高效精准投放。四是支持批发市场的基础设施改造升级,加强市场内冷链设施、物流设施、水电路等建设,以及卫生消杀、垃圾污水处理等公益性基础设施建设投入。

第二,促进共建共赢,加快实现产业融合发展。一要产销合作建设产业基地,推动构建农产品产销长期稳定合作关系,以基地建设为抓手强化标准化生产,包括分选分级、预冷保鲜、冷链物流、流通加工等功能建设,按照以

---

① 姜长云,李俊茹,王一杰,等:《"十四五"时期促进农民增收的战略思考》,《江淮论坛》,2021年第2期。

需定产模式,调整生产结构,加大绿色化、优质化、特色化、品牌化生产力度。二要加快农户与大市场对接,发挥农业合作社作用,克服农户生产一家一户分散状态,对农业生产加强组织协调和监管,全程畅通农产品供应链流通体系,推动农户对接大市场,促进三产融合。

第三,增强市场开拓能力,加快实现农产品产销对接。一是多形式创新营销服务,借助会展、网络等促销方式提升市场开拓能力。二是加大源头质量控制,完善产销对接机制。狠抓农产品源头质量,完善优质优价市场机制,构建农产品供应链利益共同体和长效联结机制。三是加强品牌培育,推动农产品产销精准对接。推动区域公用品牌、企业品牌和产品品牌体系建设,全方位、多层次、多渠道地展示品牌形象,加大农业品牌培育力度,以品牌引领推动农产品产销精准对接。

第四,打造全程可追溯体系,提升农产品质量安全水平。一是完善准出准入机制,强化生产者主体责任及延伸,以食用农产品合格证制度为抓手构建产地准出市场准入衔接机制。二是完善从田头到餐桌的农产品全程质量安全追溯体系,实现农产品质量安全"全程无死角"的监管。三是加强市场监管,严格做好农产品质量抽检工作,严禁不合格农产品在市场销售。

3. 夯实切身利益和主体地位,是农户脱贫致富和融入现代农业的关键

作为乡村振兴战略的实施主体,促进亿万农民群众和现代农业发展有机衔接是实施乡村振兴战略的客观要求。小农户作为我国农业的基本面,是乡村发展和治理的基础,其脱贫致富并融入农业发展大格局,是解决小农户的独立分散经营无法对接大市场、落后生产无法衔接现代农业、不平衡不充分发展无法提升农民幸福感等矛盾的关键,为此国家印发了《关于促进小农户和现代农业发展有机衔接的意见》,全面构建小农户的社会化服务体系,帮助和引导小农户打造并发挥其自身优势,参与农产品供应链并夯实主体地位,促进农业产加销紧密衔接和三产深度融合,加强品牌打造和共享农业创新,推进农产品价值链提升,支持供销合作社创办领办农民合作社,引领小农户参与农产品供应链发展,让贫困户更多分享农产品产业链增值收益,培育农民增收新模式,保障贫困小农户的供应链主体地位和自身利益[①]。

---

① 李伟,刘杨,兰彦堃,等:《脱贫攻坚与乡村振兴战略有效衔接对策研究》,《奋斗》,2021年第1期。

(1) 提升小农户供应链运营能力,助力小农户提升自身"造血"功能

小农户自身造血功能不足,迫切需要提升供应链运营能力,从根本上解决资源贫乏和能力不足的问题。一是加快土地流转和集聚,稳步提升小农户经营规模,培育一批规模适度、生产集约、管理先进、效益明显的农户家庭农场,同时组织专业人员对其进行技术、组织、财务、经营管理等方面的指导,提高农户供应链整体经营管理水平,促进农家庭农场健康发展。二是加强技术技能培训,提升小农户技术能力。以提供补贴为杠杆,通过农民夜校、田间学校等适宜方式,开展种养技术、经营管理、农业面源污染治理、乡风文明、法律法规等方面的培训,帮助小农户发展成为新型职业农民[①]。做好农村实用人才带头人、脱贫致富引领人示范培训,实现示范一批、带动一方。三是提升小农户装备能力。支持小农户运用先进技术、物资装备等发展智慧农业、设施农业、循环农业等现代农业,鼓励农业科研人员、技术人员下乡指导、技术培训、定向帮扶,向小农户集成示范推广先进装备和适用技术。四是开展合作,提升小农户抱团能力。支持小农户之间联户经营、联耕联种、组建合伙农场,共同购置农机、农资、农具,实行统耕统收、统防统治、统销统结,降低生产经营成本。引导小农户发展休闲农业,开展产品营销,共享市场资源,共同对接市场,提升市场竞争力。

(2) 提高小农户组织化程度,夯实供应链主体地位

一是发挥龙头企业的带动能力,延长产业链。发挥龙头企业对小农户的带动作用,支持龙头企业通过订单收购、保底分红、二次返利、股份合作、吸纳就业、村企对接带动小农户共同发展,同时鼓励龙头企业通过"公司＋农户""公司＋农民合作社＋农户"等方式,延长产业链、保障产业链、完善产业链,构建现代农业产业体系。

二是引导小农户开展合作与联合,构建利益共同体,发展农业产业化联合体,实行统一生产、统一营销、信息互通、技术共享、品牌共创、融资担保,与小农户形成稳定的人脉共同体和利益共同体。

三是夯实农户在合作社中的主体地位,优化合作社运作,壮大合作社发展,提升小农户合作层次和规模,让农户分享合作社运营红利。鼓励小农户利用土地经营权等多种方式作价出资办社入社,盘活农户资源要素。

---

① 《中共中央办公厅 国务院办公厅〈关于促进小农户和现代农业发展有机衔接的意见〉》,《农村经营管理》,2019年第3期。

四是健全盈余分配机制,可分配盈余按照成员所占出资份额、交易量、交易额等比例返还,并优先支付,使小农户共享合作收益。扶持农民专业合作组织多元化创新发展①。

4. 构建公平合理的利益联结机制,是彻底解决农户"增产不增收"难题的长效对策

(1) 探索建立"龙头企业+合作社+农户"的利益联结机制

探索建立"龙头企业+合作社+农户"的利益联结机制,实现龙头企业与农民专业合作社深度融合,既可以引导龙头企业创办或领办各类专业合作组织,也可以通过农民专业合作社兴办龙头企业②。合作社把农民组织起来,龙头企业与合作社打交道,签订稳定的供销合同,采取最低收购价、利润返还等方式,并通过合作社为农户提供生产资料、技术服务,很好地带动了农民就业增收③④。

从机制上看,建立紧密型利益联结关系,需要形成龙头企业的竞争淘汰机制、强化社会责任意识。从外部来讲,要建立竞争淘汰机制,对龙头企业实行动态管理,相关部门可以对主营业务脱离农业、带动能力明显不足,甚至欺农害农的企业,取消"国家重点龙头企业"资格,使之不再享受有关扶持政策⑤。从内部来讲,龙头企业自身要树立企业社会责任意识,在企业高速发展的同时,应当在带农增收、保障食品安全、保障员工福利和参与社会公益事业等方面有所作为。具体而言,要规范订单农业,与农户形成稳定的购销关系;为农户开展农资供应、农机作业等各类服务;采取股份分红、利润返还等形式,将部分收益让利给农户,与之共享农业产业化发展成果。

---

① 《中共中央办公厅 国务院办公厅〈关于促进小农户和现代农业发展有机衔接的意见〉》,《农村经营管理》,2019年第3期。
② 苏礼和:《新中国成立以来中国共产党扶贫思想与实践研究》,福建师范大学博士论文,2017年。
③ 方方:《农业现代化需要龙头企业挑大梁——解读农业部〈关于支持农业产业化龙头企业发展的意见〉》,《中国经济导报》,2012年3月29日。
④ 李志明:《进一步拓宽山西农民增收渠道的若干建议》,《经济师》,2012年第10期。
⑤ 乔金亮:《理顺龙头企业与农民的利益关系》,《经济日报》,2012年3月28日。

(2) 做好利益联结方式的选择和规范化管理

一是协调好龙头企业与农户的利益关系,引导龙头企业立足于长远,谋求发展给双方带来的共同利益,履行企业社会责任,考虑小农户的源头地位和贡献,构建互利共赢的利益分配方式和利益联结机制。二是加强利益联结机制的规范化、制度化管理,逐步规范担保型利益联结,通过合同、契约等法律文书,使企业、担保公司、农牧户三者都能受益;同时,支持市场交易型利益联结、一体型利益联结等模式创新。通过多种形式的利益联结,加快推进农业产业化经营,是实现农业现代化和农村可持续发展的必由之路。

5. 龙头企业社会责任践行与否,与农产品供应链和农户生计可持续关系重大

由于农业产业化龙头企业与农业、农村、农民和农户有着紧密联系,因此其社会责任履行也得到了党中央、国务院的高度重视。2008 年中央一号文件明确提出"龙头企业要增强社会责任,与农民结成更紧密的利益共同体,让农民更多地分享产业化经营成果"。2012 年国务院发布的《国务院关于支持农业产业化龙头企业发展的意见》,其中的第 21 条专门提出要"强化社会责任意识,逐步建立龙头企业社会责任报告制度"。2020 年 12 月 15 日,农业农村部发布的《农业农村部关于公布第九次监测合格农业产业化国家重点龙头企业名单的通知》称,北京大北农科技集团股份有限公司、中国金控集团有限公司等 1120 家农业产业化国家重点龙头企业监测合格,呼吁合格的龙头企业引领利益机制完善,组建农业产业化联合体,把产业链增值收益更多留给农民,同时各级农业农村部门要加强对农业产业化龙头企业的指导服务,加大扶持力度,强化宣传推介,壮大龙头企业队伍,发挥龙头企业在推进乡村产业基础高级化、产业链现代化建设中的带动作用,助力乡村全面振兴和农业农村现代化。可见,增强农业产业化龙头企业的社会责任意识,推动企业履行社会责任具有重要的现实意义[①]。

当前龙头企业在履行社会责任中存在着以下问题:一是龙头企业对社会责任认识还不够清晰,承担社会责任的能力仍然不强。二是龙头企业与

---

① 徐雪高,张照新:《农业产业化龙头企业要积极履行社会责任》,《农业科技与信息》,2013 年第 23 期。

农户的利益联结机制仍不完善。在龙头企业和农户的合作中,两者处于不平等地位,企业处于主动和强势地位,农户处于被动和弱势地位,导致个别企业存在坑农害农现象。三是制度建设不完善和制度执行不到位,龙头企业在质量安全控制各环节仍要加强。四是未形成积极履行社会责任的良好氛围,龙头企业在保障职工福利、环境保护和参与公益事业方面仍然不足[①]。

2021年10月22日,农业农村部印发了《农业农村部关于促进农业产业化龙头企业做大做强的意见》,再次明确,龙头企业是引领带动乡村全面振兴和农业农村现代化的生力军,是打造农业全产业链、构建现代乡村产业体系的中坚力量,是带动农民就业增收的重要主体,要求增强龙头企业社会责任意识,发展多样化的联合与合作,完善与各类经营主体的联结机制,积极投身乡村振兴"万企兴万村"活动,把产业链实体更多留在县域,把就业岗位和产业链增值收益更多留给农民,促进共同富裕。

1.2 研究目的及意义

1.2.1 研究目的

共同富裕是全新的资源配置和收入分配治理模式,将基于企业社会责任的"第三次分配"作为调节收入分配、实现共同富裕的有效路径,旨在处理效率和公平的关系,通过构建合理的利益分配机制,关切中小微企业和弱小农户等中小利益相关者的切身利益,带动和帮扶低收入群体在参与供应链中提高创富能力,实现共同富裕。企业承担社会责任是企业提高产品质量和客户满意度、提升企业形象和核心竞争力的重要途径。当前国内企业社会责任的普遍缺失导致利益相关者的利益损失严重,供应链节点企业间不信任、关系恶化甚至破裂,严重损害了企业及供应链整体利益。企业如何正确认识企业社会责任,并分阶段逐步承担起企业社会责任,构建与利益相关者的和谐关系,提高企业及所在供应链的整体绩效,是当前企业及供应链面

---

① 方方:《农业现代化需要龙头企业挑大梁——解读农业部〈关于支持农业产业化龙头企业发展的意见〉》,《中国经济导报》,2012年3月29日。

临的主要问题[①]。现有的研究多集中在论证企业社会责任和企业及供应链可持续发展之间的相互促进上,论证了社会责任的履行有助于促进企业及供应链的可持续发展,但目前关于将企业社会责任嵌入供应链具体运作的研究不多。

本书旨在借助可拓学、博弈论、Shapley 值法及运筹学等理论和方法,从企业社会责任的视角对供应链合作关系和利益分配展开研究,主要目的包括:(1) 对企业社会责任及供应链社会责任的概念进行界定;(2) 对企业社会责任及供应链社会责任的分层推进进行研究,为国内企业社会责任推进提供思路和方法;(3) 将企业社会责任因素纳入供应链合作关系及利益分配的研究,揭示企业社会责任履行水平与供应链合作伙伴选择、合作关系优化、利益分配之间的实质关系,为供应链主导企业、供应链其他节点企业、政府及行业组织提供企业社会责任与供应链可持续发展方面的政策建议;(4) 借鉴沃尔玛与宝洁关系的演变经验,基于对中小微企业和小农户利益的公平关切,探索共同富裕下基于社会责任的供应链利益分配优化策略。

1.2.2 研究意义

本研究立足当前共同富裕和新发展格局构建需要,同时关切中小微企业和源头小农户等中小利益相关者对供应链及质量安全的决定影响及其减贫增收需要,从企业社会责任的视角对供应链利益协调进行优化和实证研究,为实现共同富裕和供应链高质量发展提供决策参考和案例借鉴。

(1) 理论价值

对企业社会责任与供应链社会责任的概念进行明确界定,构建其分层可持续模型;纳入企业社会责任因素,构建供应链伙伴选择和利益分配模型,揭示企业社会责任履行水平与供应链伙伴选择和利益分配的实质关系,从企业社会责任的角度探讨供应链合作关系的优化及可持续发展策略,不但充实了企业社会责任及供应链管理的理论,还拓展了供应链优化的研究视角,为供应链企业履行社会责任、促进稳链固链强链延链、实现共同富裕提供了新的思路和方法。

[①] 王桂花:《基于企业社会责任的供应链网络系统合作平台优化设计》,《电子测试》,2015 年第 3 期。

（2）实践价值

当前我国企业普遍缺失社会责任意识，过分注重自身的经济利益，导致供应链节点企业间关系恶化、矛盾冲突不断，败德行为和供应链中断现状频繁发生，损害了供应链整体利益"蛋糕"和消费者利益，严重影响了经济高质量发展和供应链安全稳定。当前形势下基于企业社会责任研究供应链利益分配问题，既有助于保障供应链成员企业利益，尤其是中小微企业和小农户利益，实现所有利益相关者的共同发展壮大，又能加快推进企业社会责任履行，对于更好地探寻供应链节点企业之间履行社会责任、协调利益分配、构建和谐合作关系和解决我国当前社会发展矛盾、实现共同富裕都具有深远的实践意义。

1.3 研究内容及创新点

1.3.1 研究内容

构建合理的收益分配机制，帮助中小微企业和小农户增强致富能力、实现持续增收是提升产业链供应链稳定性和竞争力、加快实现共同富裕的关键。本研究结合当前新发展格局构建、乡村振兴以及高质量发展战略，立足供应链社会责任履行和中小利益相关者关切，探索共同富裕下供应链利益分配优化策略。

（1）理论基础和问题提出

分析当前共同富裕下完善供应链体系建设的迫切要求，以及供应链合作关系、收益分配、企业社会责任发展现状及存在的问题，梳理国家关切小微企业和小农户的相关支持政策，深刻领会国务院印发的《关于促进小农户和现代农业发展有机衔接的意见》《加力帮扶中小微企业纾困解难若干措施》《关于支持浙江高质量发展建设共同富裕示范区的意见》等文件精神和具体要求，结合当前供应链合作关系和收益分配现状及问题，明确基于企业社会责任优化供应链利益协调的重要性和迫切性，为后续研究提供方向指导。

（2）供应链社会责任界定及分层可持续模型构建

在梳理当前企业社会责任及供应链合作关系和收益分配研究现状的基础上，基于供应链所有利益相关者的利益关切，界定企业社会责任和供应链社会责任,构建企业社会责任分层可持续模型,为企业推进社会责任履行提供了清晰的思路;同时,结合供应链社会责任缺失的经典事件及外部性现状,分析供应链社会责任内化动因,构建供应链社会责任分层可持续模型,为后续供应链合作关系和利益分配研究提供理论依据。

(3) 基于企业社会责任的供应链合作博弈研究

在分析当前供应链合作过程中普遍存在的中小利益相关者被边缘化、话语权和谈判能力缺失、无法和大市场对接等瓶颈问题的基础上,立足共同富裕下对利益相关者的程序公平关切,对企业社会责任履行水平进行可拓评价;并纳入企业社会责任因素,构建普通合作伙伴及战略合作伙伴的选择收益矩阵和博弈模型,揭示企业社会责任与供应链合作的影响关系;最后,从企业社会责任的角度提出供应链合作关系优化策略。

(4) 基于企业社会责任的供应链利益分配模型构建与修正

针对当前供应链利益分配中普遍存在的中小利益相关者利益被挤压、分配机制不合理等问题,立足共同富裕下的农户利益分配关切,纳入企业社会责任要素,构建农产品供应链四种合作情形的收益模型和收益分配的 Shapley 值模型;并立足利益相关者的公平关切,揭示企业履行社会责任与供应链整体收益及节点企业收益的影响关系,为供应链优化及企业社会责任推进的研究与实践提供价值参考。

(5) 典型案例分析——"宝玛"供应链企业社会责任推进及供应链利益分配演变研究

分析沃尔玛早期社会责任的缺失情况以及后期企业社会责任的分层履行模型,结合企业社会责任履行剖析沃尔玛与供应商——宝洁公司——从竞争关系到合作关系、从普通合作伙伴到战略合作伙伴、从你死我活的利益纷争到利益共享的过程,为目前社会责任意识薄弱和缺失的企业推进社会责任履行及优化供应链合作关系提供可借鉴的样板和典范。

(6) 共同富裕下基于企业社会责任的供应链利益分配优化研究

结合当前复杂环境对中小微企业和小农户的冲击,分析当前供应链利益分配不合理引发的系列问题;并以小农户为例,分析当前小农户参与农产品供应链的模式、利益分配现状及突出问题;最后基于企业社会责任履行,探索供应链利益分配优化策略,为全面助力新发展格局构建、乡村振兴和共同富裕提供决策参考和经验借鉴。

1.3.2 拟创新点

(1) 研究视角创新

基于新时代共同富裕的现实要求,从企业社会责任的视角对供应链合作关系和利益协调进行研究,既符合当前国家推进企业社会责任履行和实现共同富裕的战略部署,又有助于拓宽供应链研究视角,从整体和全局上进行供应链合作和利益协调,进而从根本上解决当前利益分配问题和社会主要矛盾。

(2) 研究内容创新

对供应链社会责任及内容进行系统界定,构建供应链社会责任分层可持续模型,并将企业社会责任纳入供应链优化研究,有利于保障中小利益相关者的主体地位和切身利益,全面提升现代供应链服务水平,既能丰富供应链理论研究和实践应用,又有助于解决新发展格局构建和共同富裕实现过程中的现实问题。

(3) 研究方法创新

首次将可拓学应用于供应链评价,融合博弈论、Shapley 值法、案例分析等多种方法,构建供应链合作博弈和收益分配模型,开展供应链的理论和实践研究,为共同富裕下供应链利益分配拓展思路和方法。

1.4 研究思路及方法

1.4.1 研究思路

本书针对不同研究内容分别采用文献检索法、总结比较法、案例分析法、系统建模等方法,并综合采用规范研究与实证研究相结合、宏观分析与微观分析相结合、定性探讨与定量分析相结合的研究方法来完成共同富裕下基于企业社会责任的供应链利益分配优化研究。

本课题沿着"提出问题(现象或症状)—分析问题—解决问题"的思路进行研究,技术路线如图 1.1 所示。

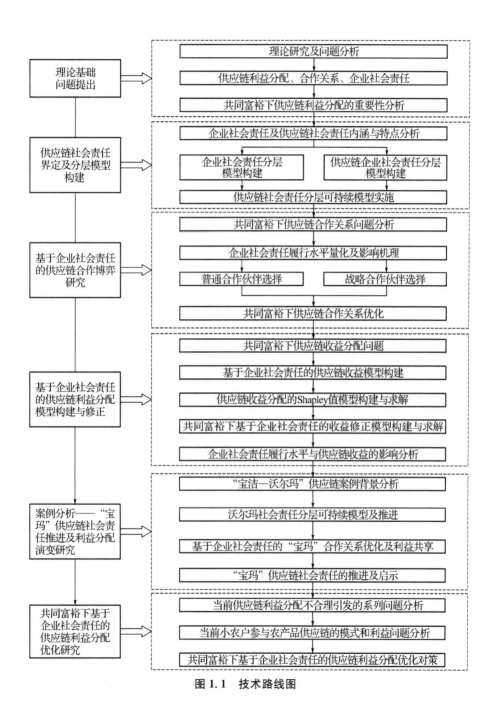

图 1.1 技术路线图

1.4.2 研究方法

(1) 文献研究

学习研究国家当前对共同富裕、新发展格局构建、供应链创新等问题最新的相关政策;搜集国内外有关供应链的理论和实证研究文献,进行客观述评,结合当前国家政策寻找到本研究的切入点,为整个研究奠定坚实的文献基础和理论基础。

(2) 调查研究

针对新战略背景下供应链发展现状、运作模式、供给质量、合作关系、利益分配等情况进行系统调研分析,明确新发展格局构建和共同富裕下供应链优化方向。

(3) 实证研究

借助可拓学、博弈论、Shapley 值法等方法构建基于企业社会责任的供应链合作关系和利益分配模型;通过计算和比较,揭示供应链企业履行社会责任与供应链合作关系、利益分配之间的实质关系和影响机理。

(4) 个案研究

选取典型案例和企业,分析其在考虑企业社会责任前后的供应链优化演变过程和策略,解构当前供应链运营存在的根本问题和瓶颈,为供应链合作关系和利益分配优化提供范例参考和经验借鉴。

第二章 理论基础和问题提出

当前,我国发展的内外环境发生了深刻变化,保持产业链供应链安全稳定,是构建新发展格局的战略要求。但不论内外环境如何变化,合作和协调成员关系一直是供应链管理的核心问题。供应链企业如何切实履行企业社会责任,公平关切利益相关者,尤其是中小微企业和小农户切身利益,构建公平合理的合作关系和利益分配机制,是当前实现共同富裕面临的主要挑战。随着新发展格局构建和全国统一大市场建设,供应链企业社会责任履行和共享利益分配的呼声越来越高。鉴于此,本书系统地对国内外社会责任相关研究进行了梳理,并提出相关问题。

2.1 供应链利益分配研究现状

供应链合作是微观经济组织之间的合作,供应链成员都是社会经济体中的微观元素,获取最大化的利益是供应链企业合作的主要目的。企业间合作收益分配不合理将直接导致合作关系恶化甚至破裂,因此供应链利益分配是供应链合作关系的一个重要影响因素。目前,国内外学者针对供应链利益分配进行了大量的研究,并将收益分配作为供应链协调的重要因素。

2.1.1 利益分配及影响因素研究

利益分配是影响供应链合作关系的关键因素。随着供应链合作关系受到普遍重视,大批学者将精力投入到利益分配的研究领域中,并尝试了Shapley值法、Myerson模型、核仁法、博弈论等方法。

包建华等认为合理利润分配主要有互惠互利、个体合理、结构利益最优化、风险与利益对称等原则①。

王凤彬研究了供应链的构成关系,将供应链看作多链串联的"二阶系统",认为供应链的管理和单个企业组织管理方面最大的区别是应系统考虑一、二阶的构成要素以及它们之间的相互影响②。

Waller、Xu 等对供应链渠道合作的利润分配方面进行研究,认为在渠道利润分配方面,应将非合作时各方的强弱,以及它们在渠道中的不同地位作为参考依据③④。

2.1.2 供应链利益分配方法研究

最初,Shapley 用成员的边际贡献来确定其在联盟中的重要程度,提出了 Shapley 值法来解决供应链联盟中成员的收益分配问题⑤。

Kalai 等提出了一种衡量 Shapley 值指标权重的方法,为解决供应链指标因素权重问题提供了指导⑥。

Faigle 等运用了 Shapley 值法对模型进行了一定的改进⑦。

Jackson 借助 Myerson 的模型优化,来分析相关参与企业之间合作及利益分配机制⑧。

姜大鹏、和炳全分析了企业动态联盟的关系,运用委托代理理论研究其

---

① 包建华,方世建:《煤电冶产业战略联盟及其利益分配的博弈分析》,《运筹与管理》,2002 年第 5 期。
② 王凤彬:《作为"二阶系统"的供应链网络组织研究》,《数量经济技术经济研究》,2004 年第 6 期。
③ Waller M, Johnson M E, Davis T: Vendor-managed inventory in the retail supply chain, Journal of Business Logistics, 1999 年第 1 期。
④ Xu K F, Dong Y, Evers P T: Towards better coordination of the supply chain, Transportation Research Part E: Logistics and Transportation Review, 2001 年第 1 期。
⑤ Shapley L S: A value for n-person games, Contributions to the theory of games, 1953 年。
⑥ Kalai E, Samet D: On weighted shapley values, International Journal of Game Theory, 1987 年第 3 期。
⑦ Faigle U, Kern W: The shapley value for cooperative games under precedence constraints, International Journal of Game Theory, 1992 年第 3 期。
⑧ Jackson M O, Wolinsky A: A strategic model of social and economic networks, Journal of Economic Theory, 1996 年第 1 期。

利润分配①。

吴昊等指出了在合作竞争博弈中的关键组成要素,包括参与者、合作范围、策略、规则以及附加值,任一要素发生改变,均会影响联盟整体的收益分配②。

陈洪建等对特定供应链模型进行了研究,得出收益的线性分配机制会引发牛鞭效应的结论③。

王利等对返利条件下的利润分配进行了深入研究,分析了多种合作模型,提出了联盟利润分配问题的解决方法④。

李艳丽研究了供应链内部的职能协调及管理,提出了两个利益分配平衡机制:一是运用控制力来实现合作时的直接利益平衡机制;二是通过成员的信任来实现合作时的间接利益平衡机制⑤。

Jaber 和 Osman 对二级供应链的利润分配进行研究,提出了许可范围内的延迟付款可以作为协调利益分配的一个决策变量⑥。

宋俊等给出了零售商和供应商分别拥有需求信息下的博弈均衡解,并根据数值实例分析了非对称信息对价格、订货量及利润的影响⑦。

Krajewska,Ellram 等学者运用合作博弈理论来研究供应链利益分配问题⑧⑨。

Tatarczak 利用博弈论在第四方物流供应链联盟系统成员之间实现利

---

① 姜大鹏,和炳全:《企业动态联盟利润分配模型构建》,《昆明理工大学学报(理工版)》,2005 年第 1 期。
② 吴昊,杨梅英,陈良猷:《合作竞争博弈中的复杂性与演化均衡的稳定性分析》,《系统工程理论与实践》,2004 年第 2 期。
③ 陈洪建,万杰:《线性分配机制下零售商的行为研究》,《河北工业大学学报》,2002 年第 6 期。
④ 王利,徐锦林:《返利条件下利润最大化的销售量决策》,《华东船舶工业学院学报》,1999 年第 6 期。
⑤ 李艳丽:《供应链成员间的利益分配机制》,《经济论坛》,2004 年第 1 期。
⑥ Jaber M Y, Osman I H:Coordinating a two-level supply chain with delay in payments and profit sharing, Computers and Industrial Engineering,2006 年第 4 期。
⑦ 宋俊,李帮义,王玉燕:《零售商占主导地位的两级供应链企业间的博弈分析》,《经济问题》,2006 年第 9 期。
⑧ Krajewska M A, Kopfer H:Collaborating freight forwarding enterprises, Orspectrum,2006 年第 3 期。
⑨ Ellram M L:Outsourcing:Implications for supply management, Supply Chain Management,1997 年第 7 期。

润分配,并进行了案例验证①。

同时 Alboiu 研究发现,契约机制可以有效地促进供应链上成员企业之间的信息沟通,提高整体运营效率,达到有效合作和互利共赢②。

因此,收益共享契约、数量折扣契约等多种方式开始应用于构建更公平合理的收益分配方案③。

Sun 等设计了基于供应链契约的收益分配模型,确保供应链联盟内部收益公平合理④。

现有研究证明,有效的利益分配方案可以激励成员的积极加入⑤,供应链中的成员所占有的地位因素会直接影响其利益分配额度⑥。同时也验证了应用 Shapley 值法有助于得到更加公平的利益分配方案⑦。但在实践中,在进行利益分配的过程中却无法做到绝对公平⑧。

2.1.3 供应链利益分配协调机制研究

杨晶、江可申等运用 TOPSIS 思想为不同的利益分配方案确定权重,最

---

① Tatarczak A: Profit allocation problems for fourth party logistics supply chain coalition based on game theory approach, Journal of Economics and Management, 2018 年第 9 期。
② Alboiu C: Farmers' choices in the vegetable supply chain: Problems and Possibilities, Agricultural Economics and Rural Development, 2011 年第 2 期。
③ Ge H T, Nolan J, Gray R, et al: Supply chain complexity and risk mitigation——A hybrid optimization-simulation model, International Journal of Production Economics, 2016 年第 3 期。
④ Sun N, Trockel W, Yang Z F: Competitive outcomes and endogenous coalition formation in an n-person game, Journal of Mathematical Economics, 2008 年第 7/8 期。
⑤ Hu B Y, Meng C, Xu D, et al: Three-echelon supply chain coordination with a loss-averse retailer and revenue sharing contracts, International Journal of Production Economics, 2016 年第 179 期。
⑥ Morasch K: Integrating the supply chain, Physical Allocation and Material Management, 2017 年第 8 期。
⑦ Petrosjan L, Zaccour G: Time-consistent shapley value allocation of pollution cost reduction, Journal of Economic Dynamics and Control, 2003 年第 3 期。
⑧ Hennet J C, Mahjoub S: Toward the fair sharing of profit in a supply network formation, International Journal of Production Economics, 2010 年第 1 期。

后折中成一种综合方案,解决多种协商结果不一致问题,达到了动态联盟中利益分配的协调①。

公彦德等针对由制造商、TPL服务商和零售商组成的闭环供应链系统,提出了基于TOPSIS法的供应链综合协调策略,使成员企业达到了多赢且满意的局面②。

陈洪转等分析了由委托企业主导的供应链利润分配机制,并发现主制造商控制利益最优分配比例的同时可实现供应链整体利益最大化,通过诱导供应商确定协调下的努力水平和合作程度,实现整个供应链的有效协调③。

Arani等引入了一种新颖的混合收益共享期权合同,通过合作博弈论的方法协调供应链收益④。

Kong等从价格和服务两个维度出发,构建收益共享契约模型,实现农产品双渠道供应链的帕累托最优⑤。

Panda等提出了通过讨价还价的方式来解决渠道冲突和分配利润的思路⑥。因此,公平合理的分配机制有助于解决供应链成员的利益冲突。

综上所述,联盟利益及供应链利益分配关乎联盟及供应链合作关系之成败,而其主要的冲突是由双方责任缺失导致的不信任、合作不平等、利益分配不均等造成的,目前关于利益分配的文献虽然很多,但从其冲突的本

---

① 杨晶,江可申,邱强:《基于TOPSIS的动态联盟利益分配方法》,《系统工程》,2008年第10期。
② 公彦德,李帮义,刘涛:《基于TOPSIS法的三级CLSC综合收益协调策略》,《系统管理学报》,2010年第6期。
③ 陈洪转,刘思峰,何利芳:《"主制造商-供应商"协同主体双重努力最优合作协调》,《系统工程》,2012年第7期。
④ Arani H V, Rabbani M, Rafiei H: A revenue-sharing option contract toward coordination of supply chains, International Journal of Production Economics, 2016年第178期。
⑤ Kong L C, Liu Z Y, Pan Y F, et al: Pricing and service decision of dual-channel operations in an O2O closed-loop supply chain, Industrial Management and Data Systems, 2017年第8期。
⑥ Panda S, Modak N M, Basu M, et al: Channel coordination and profit distribution in a social responsible three-layer supply chain, International Journal of Production Economics, 2015年第168期。

质原因来分析,可见从企业社会责任角度对供应链利益分配的研究还不充分。

2.1.4 中小利益群体在供应链利益分配中的现状研究

尽管合理的利益分配方案可以激励成员积极加入供应链[1],但成员所占有的地位因素会直接影响其利益分配额度[2]。以中小微企业和小农户为例,加入供应链有助于提高其收入水平和可持续经营绩效[3],实现产业兴旺和共同富裕[4];但在实际运作中却无法获得绝对公平分配的供应链利益[5],原因包括供应链企业社会责任的缺失和自身利益最大化的目标追求,中小微企业和小农户资源贫乏和地位较低等。中小微企业和小农户面临着利益被挤压和边缘化的不公平处境[6],不合理的供应链利益分配机制也严重影响了企业可持续发展和共同富裕。

研究发现,在当前中国实现共同富裕的进程中,资源贫乏的中小微企业和小农户是解决相对贫困的关键,吸纳小微企业和小农户加入供应链,共享供应链收益是提高资源贫乏群体收益、实现共同富裕的关键。而考虑企业社会责任的供应链利益分配,一方面有助于借助公平合理的利益分配,帮助中小微企业和小农户等资源贫乏群体发展壮大,提升其供应链运营能力,促进供应链利益相关者的全面可持续发展;另一方面有助于通过企业社会责

---

[1] Hu B Y, Meng C, Xu D, et al: Three-echelon supply chain coordination with a loss-averse retailer and revenue sharing contracts, International Journal of Production Economics, 2016 年第 179 期。

[2] Morasch K: Integrating the supply chain. Physical, Allocation and Material Management, 2017 年第 8 期。

[3] Wentzel L, Fapohunda J A, Haldenwang R: The relationship between the integration of CSR and sustainable business performance: Perceptions of SMEs in the South African construction industry, Sustainability, 2022 年第 3 期。

[4] 颜廷武,张童朝,贺孟业,等:《农产品供应链对农户减贫增收的关联效应分析——基于滇、桂、苏、闽四省(区)的实证》,《农业现代化研究》,2015 年第 6 期。

[5] Hennet J C, Mahjoub S: Toward the fair sharing of profit in a supply network formation, International Journal of Production Economics, 2010 年第 1 期。

[6] 阮文彪:《小农户和现代农业发展有机衔接——经验证据、突出矛盾与路径选择》,《中国农村观察》,2019(1):15-32。

任的"第三次分配",实现龙头企业的"先富"带动资源贫乏群体的"后富",加快实现共同发展和共同富裕。

2.2 供应链合作关系研究现状

2.2.1 供应链合作关系演变研究

市场竞争环境的快速变化要求企业快速反应客户需求,迫使企业加强与合作伙伴的合作,缩短相互之间的距离,站在整个供应链的观点考虑增值。从传统的你死我活的竞争时代到今天相互合作的供应链时代,企业合作关系的演变主要经历了三个阶段:以买卖为主的传统企业关系、以简单合作为主的物流关系、以协作为主的战略伙伴关系[1]。供应链合作关系本质上就是供应链节点企业之间为了实现各成员的某种共同战略目标而签订合同的一种合作契约关系[2]。由于供应链是一个系统,各节点企业都是"理性人",其决策过程就是多方博弈的过程,难免存在"效益背反"现象。在重复博弈过程中,供应链节点企业合作力度不同,其合作成效也就不同,企业的欺骗和机会主义等不合作行为会影响到未来的收益[3],所以,企业在选择当前博弈策略时,不但要考虑未来的收益[4][5],还要考虑信任、声誉、合作历史以及未来收益等因素对收益的影响[6][7]。传统管理方式使得企业习惯于追求自

---

[1] 王桂花:《供应链管理实务》,北京:高等教育出版社,2022年。

[2] Coase R H: The nature of the firm, Economica, 1937 年第 16 期。

[3] Parkhe A: Strategic alliance structuring: A game theoretic and transaction on cost examination of interfirm cooperation, Academy of Management Journal, 1993 年第 4 期。

[4] Heide J B, Miner A S: The shadow of the future: Effects of anticipated interaction and frequency of contact on buyer-seller cooperation, Academy of Management Journal, 1992 年第 2 期。

[5] Gulati R, Khanna T, Nohria N: Unilateral commitments and the importance of process in alliances, MIT Sloan Management Review, 1994 年第 3 期。

[6] Gulati R: Alliances and networks, Strategic Management Journal, 1998 年第 4 期。

[7] Kogut B: The stability of joint ventures: Reciprocity and competitive rivalry, The Journal of Industrial Economics, 1989 年第 2 期。

身利益最大化,缺乏合作意识和社会责任,存在欺骗或机会主义行为的潜在动机[1],这不仅增加了双方的交易成本,也严重影响了供应链企业合作成功的几率和合作收益的分配。

(1) 建立合作关系有助于降低企业间交易成本,减少供应链不确定性

Coase 在 1937 年发表了著名的《企业的性质》,创造性地提出"交易费用"(Transaction cost)的概念,认为在企业的跨边界经营活动中,企业应该考虑如何最小化其生产费用及交易费用[2]。Williamson 在 Coase 理论的基础上做了进一步的细化和发展,他指出了交易费用的具体决定因素,使得该理论具备了可操作性[3]。在企业的总成本中,交易费用占据了很大的比重,并且在很大程度上影响了交易的效率。一般来讲,交易费用占经济活动总费用的 35%～40%。企业之间合作关系的建立可以降低由于资产专用性带来的风险[4],合作成员间的信任能减少机会主义行为[5][6],降低双方信息不对称[7][8],通过降低交易的不确定性,从而有效降低交易成本。

(2) 发展合作关系有助于整合企业内外资源,提高竞争力

1984 年,Wernerfelt 发表了《企业资源观》一文,提出了企业资源理论的

---

[1] Hennart J F: The transaction costs theory of joint ventures: An empirical study of japanese subsidiaries in the United States, Management Science,1991 年第 4 期。

[2] Coase R H: The nature of the firm, Economica,1937 年第 16 期。

[3] Williamson O E: The economic institutions of capitalism, New York: Free Press,1985 年。

[4] Batt P J. Building trust between bowers and market agents, Supply Chain Management: An International Journal,2003 年第 8 期。

[5] Kwon I W G, Suh T: Trust, commitment and relationships in supply chain management: A path analysis, Supply Chain Management: An International Journal,2005 年第 1 期。

[6] Dyer J H, Chu W J: The role of trustworthiness in reducing transaction costs and improving performance: Empirical evidence from the United States, Japan, and Korea, Organization Science,2003 年第 1 期。

[7] Moorman C, Zaltman G, Deshpande R: Relationships between providers and users of market research: The dynamics of trust within and between organizations, Journal of Marketing Research,1992 年第 3 期。

[8] Morgan R M, Hunt S D: The commitment-trust theory of relationship marketing, Journal of Marketing,1994 年第 3 期。

概念①,指出从资源的角度来分析战略选择。之后,广大学者在他这一标志性经典文献的基础上对企业资源进行了系统的研究。Prahalad 和 Hamel 分析了企业的核心竞争力与企业竞争优势持续性之间的关系,并提出了企业核心竞争力(Core competence)的概念②;Barney 提出了内部资源(包括物质资源、人力资源以及组织资源)与其持续竞争优势之间的关系,论证了企业的持续竞争优势来自企业所控制的资源与能力③。核心竞争力理论强调,企业要实现"价值最大化",必须要最合理、充分地利用现有的资源。王雎研究发现跨组织资源既有利于推动企业间合作的实现,又有利于企业资源整合④。研究和实践证明,企业除最大化利用自身资源的优势外,发展供应链合作关系可以弥补自身资源的不足,充分借用或获取其他企业的优势资源。

2.2.2 供应链合作关系协调研究

国内外学者对供应链合作关系的协调进行了大量的研究,主要集中在分销渠道方面。渠道成员功能专业化增强了成员之间的相互依赖性,这种依赖性则成为渠道合作的根源⑤。王铁明对分销渠道变革进行了研究,认为技术的发展和市场环境的变化是渠道变革的动因,渠道冲突来源于企业原有的分销渠道未能随环境变化而改进,无法适应新环境的要求⑥。国外学者 Bucklin、Thomas-Graham 和 Webster 将渠道冲突划分为 3 个阶段,并提出

---

① Wemerfelt B. A resource-based view of the firm, Strategic Management Journal, 1984 年第 2 期。
② Prahalad C K, Hamel G. The core competence and the corporation, Harvard Business Review,1990 年第 3 期。
③ Barney J. Firm resources and sustained competitive advantage, Journal of Management,1991 年第 1 期。
④ 王雎:《跨组织资源与企业合作:基于关系的视角》,《中国工业经济》,2006 年第 4 期。
⑤ 王利:《供应链下游成员经济合作关系与利润分配机制研究》,南京理工大学博士论文,2007 年。
⑥ 王铁明:《分销渠道变革中的渠道冲突及协调研究》,华中科技大学博士论文,2005 年。

了在不同的阶段制造商处理渠道冲突时的 10 种方法[1]。其他有代表性的研究还包括：Mohr 等提出的"超级目标"[2]；Berry 提出的对经销商的激励以及有效的补偿计划[3]；国内学者提出的长期合作关系、产销战略联盟等[4][5]。基于渠道的供应链合作关系本质上就是供应链节点企业各方博弈的过程，合作关系的变化是各方博弈的结果，因此国内外学者一直高度关注供应链节点企业间，尤其是零售商与制造商间的渠道关系协调，并运用博弈论的方法做了大量研究。Jorgensen 等系统地研究了零售商和制造商之间的利益冲突，在利益协调方面提出了合作博弈以及非合作博弈的方法[6]。Jeuland 和 Shugan 指出，在营销渠道中，数量上的折扣能够有效协调渠道关系[7]。Gerstner 等指出零售商与制造商存在信息不对称性，营销渠道在价格、服务上的条件可能会影响到渠道的绩效[8]。陈勇运用改进后的 Homans-Simon 模型对供应链合作关系的动态发展机理进行了研究，发现合作关系的动态演进在为利益所驱动的同时，还受到其独特的内在规律的约束和限制[9]。

2.2.3　企业社会责任履行对供应链关系的影响研究

供应链合作关系问题一直是供应链管理中的一个关键性问题，它是供

---

[1] Bucklin H B, Thomas-Graham P A, Webster E A: The channel control and cooperation on export channel performance, Journal of Marketing, 1997 年第 61 期。

[2] Mohr J, Nevin J R: Communication strategies in marketing channels: A theoretical perspective, Journal of Marketing, 1990 年第 4 期。

[3] Berry L: Relationship marketing of service-Growing interest, emerging perspective, Journal of the Academy of Marketing Science, 1995 年第 4 期。

[4] 卜妙金：《分销渠道管理》，北京：高等教育出版社，2001 年。

[5] 雷培莉，李五四，孟繁荣：《分销渠道管理学》，北京：经济管理出版社，2003 年。

[6] Jorgensen S, Taboubi S, Zaccour G: Retail promotions with negative brand image effects: Is cooperation possible?, European Journal of Operational Research, 2003 年第 2 期。

[7] Jeuland A P, Shugan S M: Channel of distribution profits when channel members form conjectures, Marketing Science, 1988 年第 2 期。

[8] Gerstner E, Hess J D: Pull promotions and channel coordination, Marketing Science, 1995 年第 1 期。

[9] 陈勇：《基于 Homans-Simon 模型的供应链合作关系动态发展机理研究》，《工业技术经济》，2011 年第 11 期。

应链节点企业间利益分配、风险共担、协调发展的基础。供应链合作关系的建立和顺利实施是供应链高效运作的有力保障,但企业社会责任的缺失严重影响了供应链合作成效。

随着对企业社会责任的重视,学者们从不同的视角研究了企业社会责任和合作关系之间的影响机理。总体来说,企业社会责任对供应链关系的影响主要体现在以下几个方面:一是企业履行社会责任有助于提高产品质量[1],并能改善与顾客的关系,进而提高顾客购买意向及产品反馈[2],最终提升顾客的忠诚度[3];二是企业履行企业社会责任有助于企业财务绩效及长期绩效的提升[4][5][6];三是企业履行企业社会责任能增加组织间信任和支持[7],有助于维持关系的稳定[8],并形成信任、互惠的合作关系[9],在促进经济、社会协调发展及构建和谐社会中发挥着重要作用[10]。

综上所述,现有文献已经论证了企业履行社会责任有利于良好合作关系的构建,但没有系统分析企业履行社会责任对供应链合作关系的影响程度和作用机理。像三鹿奶粉、耐克公司等因供应商社会责任缺失而导致关系破裂的现实事例,更是充分说明了供应链合作关系的成功运作依赖于供

---

[1] 姜启军:《企业社会责任与食品质量安全管理的理论和实证分析》,《华东经济管理》,2013年第2期。

[2] 周延风,罗文恩,肖文建:《企业社会责任行为与消费者响应——消费者个人特征和价格信号的调节》,《中国工业经济》,2007年第3期。

[3] 谢毅,彭璐珞,彭泗清:《企业社会责任对顾客忠诚度的影响机制研究》,《华东经济管理》,2013年第2期。

[4] 齐殿伟,诸敏,王玉姣:《我国企业社会责任对财务绩效影响研究》,《经济纵横》,2013年第11期。

[5] 曾明,刘佳依,钟周:《企业社会责任与财务绩效关系实证研究——以食品饮料行业为例》,《财会通讯》,2013年第26期。

[6] 王正军,王晓霞:《企业社会责任与绩效相关性的博弈分析》,《经济经纬》,2009年第4期。

[7] McWilliams A. Siegel D S, Wright P M: Corporate social responsibility: Strategic implications, Journal of Management Studies,2006年第1期。

[8] 曾江洪,雷黎涛:《契约途径下的企业社会责任和社会资本关系》,《财经科学》,2011(8):78-79。

[9] 张彦宁:《企业社会责任的新内涵》,《企业管理》,2005年第1期。

[10] 王茂祥:《企业社会责任管理及其与和谐社会建设的关系》,《改革与战略》,2012年第12期。

应链节点企业社会责任的履行;而供应链合作关系构建的基础是供应链合作伙伴的选择,所以,供应链主导企业在构建供应链之初,也就是在选择合作伙伴时,就应该充分考虑企业社会责任因素。

2.3 企业社会责任研究现状

2.3.1 国外研究及履行现状

1924年,Sheldon在他的《管理的哲学》一书中,首次提出了企业社会责任的概念,他认为管理的社会方面应考虑两个因素:企业管理与社区的关系以及企业与它所指挥的人的关系[1]。Dodd在对企业社会责任运动及其相应的法律观念变革进行考察后,指出:"公司经营者的应有态度是树立自己对职工、消费者和社会大众的社会责任感。"[2]最早的企业社会责任概念由Bowen提出,在《商人的社会责任》一书中,定义如下:"商人有义务按照社会所期望的目标和价值,来制定政策、进行决策或采取某些行动。"[3]Bowen的研究指出了"商人自愿承担社会责任是改善经济问题和更好地实现我们追求的经济目标的可行方法",从此之后,越来越多的学者开始研究企业社会责任,Bowen因最早提出企业社会责任的概念而被誉为"企业社会责任之父"。Eells在其著作 *The meaning of modern business* 中提出:"企业必须逐渐由只承担最少责任的传统企业向承担最大社会责任的企业过渡,企业承担社会责任主要因为:人类需要的改变,企业经营者角色的改变,企业与经济体系的改变,社会本身的改变。"[4]Carroll构建了企业社会责任的金字塔模型,他指出,企业社会责任内容是多元化的,他将企业社会责任的四个构成元素(经济、法律、道德和慈善)绘制成一个金字塔,并论述了经济责任作

---

[1] Sheldon O: The philosophy of managemen, London: Sir Isaac Pitman and Sons Ltd, 1924年。

[2] Dodd M E: For whom are corporate managers trustees, Harvard Law Review, 1932年第7期。

[3] Bowen H R: Social responsibility of the business, New York: Harper, 1953年。

[4] Eells R S F: The meaning of modern business: An introduction to the philosophy of large corporate enterprise, New York: Columbia University Press, 1960年。

为金字塔的底层，是企业生存和发展的根基①。这一理论成为此后 20 多年里企业社会责任研究领域最著名的理论之一。Wartick 和 Cochran 此后对 Carroll 模型作了重要补充，他们提出企业社会绩效三个基本方面的内容，即企业社会责任的原则、企业对社会责任响应的过程和企业社会责任宏观政策②。

Wood 基于即有的相关经济理论和企业社会责任研究，构建了具体的社会责任模型，使其更具操作性和实用性③。

Elkington 提出了三重底线的概念，他认为企业应致力于实现盈利目标、社会目标和环境目标的平衡，认为企业成功运行至少需要满足财务目标的盈利底线要求、社会目标的社会公正底线要求和环境目标的生态环境保护底线要求④。

1984 年，弗里曼（Freeman）系统提出利益相关者管理理论⑤。随后，国外利益相关者管理围绕"公司应该为谁承担责任"这一主题对企业社会责任展开了大量的研究，认为可以通过对相关利益者利益的衡量来判定公司社会责任的表现⑥⑦⑧。

---

① Carroll A B：The pyramid of corporate social responsibility：Toward the moral management of organizational stakeholders，Business Horizons，1991 年第 4 期。
② Wartick S L，Cochran P L：The evolution of the corporate social performance model，The Academy of Management Review，1985 年第 4 期。
③ Wood D J：Corporate social performance revisited，The Academy of Management Review，1991 年第 4 期。
④ Elkington J：Cannibals with forks：The triple bottom line of 21st century business，Oxford：Capstone Publishing，1997 年。
⑤ 弗里曼著，王彦华、梁豪译：《战略管理：利益相关者方法》，上海：上海译文出版社，2006 年。
⑥ Wood D J, Jones R E：Stakeholder mismatching：A theoretical problem in empirical research on corporate social performance，The International Journal of Organizational Analysis，1995 年第 3 期。
⑦ Lee M D P：A review of the theories of corporate social responsibility：Its evolutionary path and the road ahead，International Journal of Management Reviews，2008 年第 1 期。
⑧ Clarkson M B E：A stakeholder framework for analyzing and evaluating corporate social performance，The Academy of Management Review，1995 年第 1 期。

Subroto 对企业责任利益相关者进行研究,他认为企业应该对利益相关者负社会责任,在企业的商业活动中,员工、股东、顾客、商业伙伴(包括合作者和竞争者)、社区、自然环境等均应纳入社会责任的范畴[①]。Mercer 论述了企业对责任对象承担的具体责任内容[②]。

随后数十年,通过理论研究和实践证明,国外学者对企业社会责任和企业绩效之间的相互影响程度进行了分析。哈佛大学历经 11 年的企业研究表明:"强调利益相关者管理的公司的销售增长是只强调股东利益公司的 8 倍。"Collins 和 Porras 也发现:"管理幅度超过股东视角的公司业绩表现是一般企业的 70 倍。"[③]

对于"企业社会责任"与"企业财务绩效"之间的表象,学者们通过研究提出了三种解释:

其一,企业积极履行社会责任,能提高企业声誉,从而提升其盈利水平[④]。

其二,企业社会责任履行水平对供应链企业绩效有推动作用[⑤],有助于实现可持续发展[⑥]。

其三,越来越多的企业倡导以利益相关者利益为导向的企业社会责任

---

① Subroto P H: A correlational study of corporate social responsibility and financial performance: An empirical survey toward ethical business practices in Indonesia, Minneaplis: Capella University,2002 年。
② Mercer J J: Corporate social responsibility and its importance to consumers, Claremont: Claremont Graduate University,2003 年。
③ Collins J C, Porras J I: Built to last: Successful habits of visionary companies, New York: Random House, 1995 年。
④ Salzmanna O, Lonescu-somers A, Steger U: The business case for corporate sustainability: Literature review and research options, European Management Journal,2005 年第 1 期。
⑤ Al-Odeh M, Smallwood J: Sustainable supply chain management: Literature review, trends, and framework, International Journal of Computational Enginnering and Management,2012 年第 1 期。
⑥ Castillo V E, Mollenkopf D A, Bell J E, et al: Supply chain integrity: A key to sustainable supply chain management, Journal of Business Logistics, 2018 年第 1 期。

实践①,纷纷把企业社会责任当作企业生存和发展的根基②③。

Leal 等以一个企业为例,论证了企业履行社会责任对于企业可持续发展的必要性④。

Carter 等研究表明环境型采购对收入和支出都有着非常重要的影响⑤。Carter 和 Jennings 发现企业社会责任和供应商绩效正相关⑥。

Crutz 提出了一个用于供应链网络均衡建模和分析的动态多目标决策框架,并假定环境责任对市场需求无直接影响,没有明确环境责任的分配⑦。

伴随着企业社会责任的推进,越来越多的学者开始研究供应链企业社会责任治理问题。Hsueh 和 Chang 通过 CSR 分担来优化渠道,完善供应链网络协调问题⑧。Ma 和 Shang 等研究了企业社会责任成本对供应链成员努力承诺和利润的影响⑨。Hsueh 引入收益分享合同来协调供应链与 CSR 履

---

① Zhang L, Zhang X C, An J, et al: Examining the role of stakeholder-oriented corporate governance in achieving sustainable development: Evidence from the SME CSR in the context of China, Sustainability, 2022 年第 13 期。
② Goel M, Ramanathan M P E: Business ethics and corporate social responsibility—Is there a dividing line?, Procedia Economics and Finance, 2014 年第 11 期。
③ Jones D A, Willness C R, Glavas A: When corporate social responsibility (CSR) meets organizational psychology: New frontiers in Micro-CSR research, and fulfilling a quid pro quo through multilevel insights, Frontiers in Psychology, 2017 年第 8 期。
④ Leal C, Lombardi M S, Basso L C: The activity of natura from the perspective of sustainable development and of corporate social responsibility, SSRN Electronic Journal, 2007 年。
⑤ Carter C R, Kale R, Grimm C M: Environmental purchasing and firm performance: An empirical investigation, Transportation Research Part E: Logistics and Transportation Review, 2000 年第 3 期。
⑥ Carter C R, Jennings M M: Social responsibility and supply chain relationships, Transportation Research Part E: Logistics and Transportation Review, 2002 年第 1 期。
⑦ Crutz J M: Dynamics of supply chain networks with corporate social responsibility through integrated environmental decision-making, European Journal of Operational Research, 2008 年第 3 期。
⑧ Hsueh C F, Chang M S: Equilibrium analysis and corporate social responsibility for supply chain integration, European Journal of Operational Research, 2008 年第 1 期。
⑨ Ma P, Shang J, Wang H Y: Enhancing corporate social responsibility: Contract design under information asymmetry, Omega, 2017 年第 67 期。

行①。Modak、Panda 和 Sana 分析了 CSR 对零售商之间竞争决策的影响,通过定价合同解决冲突②。

Liu 和 Xu 等研究企业社会责任行为和消费者偏好造成的产品差异化的影响,比较了分散决策和集中决策下的决策效果,考虑消费者偏好构建了基于增值利润的新型供应链协调机制③。

Zhang 等研究发现政府介入能从一定程度上调节企业社会责任与利益相关者导向之间的关系④。

现有研究成果充分论证了企业社会责任履行与供应链绩效的相互关系,但研究个体企业社会责任的居多,研究供应链整体和成员企业的少;论证企业社会责任与企业绩效之间关系的多,研究二者之间影响机理的少。在这种情况下,基于企业社会责任的供应链利益分配将是实现供应链可持续发展和共同富裕的重要手段。

2.3.2 国内研究及履行现状

近几年国内一系列安全事件的发生,引起了国内学者对企业社会责任的高度重视。

陈宏辉和贾生华在基于综合社会契约观的研究基础上,系统地论述了企业社会责任观的演进与发展⑤。

---

① Hsueh C F: Improving corporate social responsibility in a supply chain through a new revenue sharing contract, International Journal of Production Economics,2014 年第 151 期。
② Modak N M, Panda S, Sana S S: Pricing policy and coordination for a two-layer supply chain of duopolistic retailers and socially responsible manufacturer, International Journal of Logistics: Research and Applications,2016 年第 6 期。
③ Liu Y, Xu Q A, Liu Z Y: A coordination mechanism through value-added profit distribution in a supply chain considering corporate social responsibility, Managerial and Decision Economics,2020 年第 4 期。
④ Zhang L, Zhang X C, An J, et al: Examining the role of stakeholder-oriented corporate governance in achieving sustainable development evidence from the SME CSR in the context of China, Sustainability,2022 年第 13 期。
⑤ 陈宏辉,贾生华:《企业社会责任观的演进与发展:基于综合性社会契约的理解》,《中国工业经济》,2003 年第 12 期。

第二章 理论基础和问题提出

柴文静指出企业社会责任实践是一个持续的过程,可将其视为一项可持续发展的战略议题来践行[1]。

胡孝权和李培林认为企业社会责任是影响企业可持续发展的重要因素[2][3]。

谢琨等指出国内外企业社会责任的实践、当代企业社会责任诉求的驱动力是可持续发展的需要[4]。

周祖城从企业社会责任信息披露的角度研究了企业社会责任实践[5]。

贾生华、郑海东从协同视角研究了我国企业社会责任的履行策略[6]。

马力和齐善鸿、田祖海、张志强和王春香分别从理论、实践、演进与发展等各个方面对企业社会责任问题进行了系统的综述性研究[7][8][9]。

陈迅和韩亚琴构建了企业社会责任分级模型,其研究认为社会责任履行应该是分层次的,企业要根据自身发展的不同状况确定其所处的社会责任层次[10]。

鞠芳辉、谢子远和宝贡敏从经济学的角度,基于消费者选择模型,研究了企业社会责任问题[11]。

黄速建和余菁对我国民营企业的社会责任问题和国有企业的社会责任

---

[1] 柴文静:《企业社会责任的"黄金"法则》,《21世纪商业评论》,2007年第4期。
[2] 胡孝权:《企业可持续发展与企业社会责任》,《重庆邮电学院学报(社会科学版)》,2004年第2期。
[3] 李培林:《论企业社会责任与企业可持续发展》,《现代财经(天津财经大学学报)》,2006年第10期。
[4] 谢琨,刘思峰,梁凤岗:《企业社会责任和可持续发展绩效管理体系》,《生态经济》,2009年第10期。
[5] 周祖城:《企业社会责任:视角、形式与内涵》,《理论学刊》,2005年第2期。
[6] 贾生华,郑海东:《企业社会责任:从单一视角到协同视角》,《浙江大学学报(人文社会科学版)》,2007年第3期。
[7] 马力,齐善鸿:《公司社会责任理论述评》,《经济社会体制比较》,2005年第2期。
[8] 田祖海:《美国现代企业社会责任理论的形成与发展》,《武汉理工大学学报(社会科学版)》,2005年第3期。
[9] 张志强,王春香:《西方企业社会责任的演化及其体系》,《宏观经济研究》,2005年第9期。
[10] 陈迅,韩亚琴:《企业社会责任分级模型及其应用》,《中国工业经济》,2005年第9期。
[11] 鞠芳辉,谢子远,宝贡敏:《企业社会责任的实现——基于消费者选择的分析》,《中国工业经济》,2005年第9期。

问题进行了研究[①]。

张鹏飞提出了经济责任、社会责任和环境责任三位一体评价体系[②];金立印从消费者的角度,开发了一组用于测评企业社会责任运动的量表体系并对其进行了实证检验[③]。

赵涛等基于企业员工的视角,从劳工权益和人权保障两方面评价企业社会责任在员工权益保障方面的履行程度[④]。

苗婷婷、徐鑫研究了企业社会责任的履行过程,构建了企业社会责任评价体系[⑤]。李正以上证交易所521家上市公司为样本,实证分析了企业社会责任履行程度与企业社会价值的相关性[⑥]。

袁建明等通过对多家上市公司的研究,论述了公司治理、不相关多元化经营与可持续发展的关系[⑦]。

张秀萍和徐琳对中外绿色供应链研究进程进行了综合对比,进一步对供应链社会责任进行了延伸研究[⑧]。

张王子旭、李帮义等考虑履行召回的社会责任对消费者决策的影响,研究了供应链成本分担机制[⑨]。

陶菁通过对全球供应链企业价值的研究,认为企业社会责任利益体现了特定的企业社会责任价值,并认为其具体内容是基于供应链的最终产品

[①] 黄速建,余菁:《国有企业的性质、目标与社会责任》,《中国工业经济》,2006年第2期。
[②] 张鹏飞:《企业社会责任绩效评价研究——以伊利集团为例》,南京航空航天大学硕士学位论文,2009年。
[③] 金立印:《企业社会责任运动测评指标体系实证研究——消费者视角》,《中国工业经济》,2006年第6期。
[④] 赵涛,刘保民,朱永明:《基于员工权益的企业社会责任评价体系探讨》,《郑州大学学报(哲学社会科学版)》,2008年第2期。
[⑤] 苗婷婷,徐鑫:《基于过程视角的企业社会责任评价指标体系》,《吉林工商学院学报》,2010年第3期。
[⑥] 李正:《企业社会责任与企业价值的相关性研究——来自沪市上市公司的经验证据》,《中国工业经济》,2006年第2期。
[⑦] 袁建明,姚禄仕,陈燕:《我国上市公司可持续发展的实证分析》,《合肥工业大学学报(自然科学版)》,2007年第3期。
[⑧] 张秀萍,徐琳:《绿色供应链研究评述》,《经济管理》,2009年第2期。
[⑨] 张王子旭,李帮义,刘苗:《基于社会责任的汽车召回成本分担机制研究》,《市场周刊(理论研究)》,2011年第10期。

或服务中所蕴含的信誉、信任及企业责任;另外,通过改进供应链社会责任治理模式,能够有效地提升企业社会责任传导效能[①]。缪朝炜和伍晓奕指出了供应链节点全面践行社会责任的重要性,并论述了企业社会责任在供应链管理绩效提升、促进客户服务、提高内部效能及经济效能等各层面的作用[②]。

综上所述,在理论与实践两个方面,企业社会责任已经越来越多地引起社会各方面的关注。虽然在某些国家及地区,人们还没有深入认识到履行社会责任对国家、民族乃至全人类的深远影响,以盈利为唯一目的的实践仍占据强势地位,但随着人与社会、自然环境之间各种矛盾的突出,越来越多的人开始重视企业社会责任的实践。此外,来自社会的舆论压力以及各国政府在社会责任方面的法规建设,也从另一方面促进了社会责任活动的发展。在全球经济一体化的进程中,企业社会责任运动已经延伸到了全世界的每个角落。

2.4 研究评述及问题提出

综上所述,目前对企业社会责任和供应链合作关系及收益分配的研究具有以下特点:

(1) 国外对企业社会责任的关注比较早,企业社会责任的研究和实践已取得了一定成效;国内研究和实践明显落后于发达国家,目前,对企业社会责任的主体和对象基本界定清楚,但是对具体责任内容的界定没有形成统一的定论,有待进一步明确;国内企业社会责任履行状况普遍不乐观,存在一定的盲目性和随意性,缺乏切实可行的推进方案和策略。

(2) 现实中像"三聚氰胺""血汗工厂"等因供应链节点企业社会责任缺失而对整个供应链和社会造成损失的事件不断出现,凸显了供应链社会责任研究和实践的重要性,但目前对于供应链社会责任的内容界定和推进缺乏系统的研究,导致供应链节点企业履行企业社会责任的盲目性。

(3) 目前大量文献只是论证了企业社会责任的履行可以优化合作关系、

---

① 陶菁:《全球供应链中的企业社会责任价值分配》,《开发研究》,2009 年第 4 期。
② 缪朝炜,伍晓奕:《基于企业社会责任的绿色供应链管理:评价体系与绩效检验》,《经济管理》,2009 年第 2 期。

规避风险、提高供应链运作绩效、实现可持续发展,至于如何真正将企业社会责任嵌入供应链合作关系优化与运作绩效的研究不多,其研究和实践都有待深化。

(4) 目前供应链合作关系和利益分配的研究大多针对供应链节点企业的经济利益,缺少对企业其他利益的考虑,如客户利益、环境利益、社会利益等,企业社会责任明显缺失;而且对于供应链合作关系与利润分配机制的研究主要集中在供应商、制造商、零售商等供应链节点企业的相互博弈上,缺乏从供应链整体上对供应链节点企业合作贡献及分配问题的研究,无法真正反映供应链合作关系,制约了研究结论对供应链合作关系整合的指导作用。

对此,本书拟在对企业社会责任及供应链社会责任界定的基础上,构建其分层推进模型;并将企业社会责任纳入供应链合作伙伴选择、合作关系优化、合作利益分配中,结合实际案例,探讨供应链合作关系优化及供应链社会责任推进策略。

2.5 本章小结

本章分别对供应链合作关系、供应链利益分配、企业社会责任的研究现状进行了梳理,并提出了当前面临的问题,为后续研究奠定理论基础。

第三章 供应链企业社会责任界定及分层模型构建

越来越多的企业开始意识到承担社会责任的重要性,但对于承担哪些责任、如何承担等问题存在一定的盲目性,当前我国的内外环境也抑制了企业承担社会责任的热情。供应链缺乏社会责任意识的根源在于对企业社会责任概念的错误认识,仅仅从字面上理解企业社会责任就是"企业"对"社会"负责,是"企业办社会",就是慈善捐款,导致企业盲目追求高层社会责任、忽视基础社会责任的现状[①]。其实,企业社会责任不仅包括慈善捐款,还包含对股东、员工等的基础经济责任和法律责任,以及对合作伙伴等的道德责任,其含义远不是其字面意思那么简单。鉴于此,本书在总结现有文献的基础上,分别结合企业不同发展阶段对责任内容、责任对象、责任实施进行了分层界定,构建了企业社会责任及供应链社会责任的分层可持续模型,为企业履行社会责任提供了一个清晰的思路和方法。

3.1 企业社会责任的概念及内容界定

3.1.1 企业社会责任概念的演变

Oliver Sheldon 提出了"企业社会责任"这一概念后,引发了企业社会责任的研究高潮,学者们纷纷提出自己的见解,掀起了长达 80 年都没有结果的"企业到底应该对谁负责"的不休争论。最初的争论主要围绕"对谁负责",

---

① 杨淑萍:《从中外观点谈企业经济责任与社会责任的关系》,《商业时代》,2009 年第 20 期。

存在两种观点:一种观点认为企业只为股东负责,追求利润最大化才是企业的责任之本,主要以 Berle[1]、Friedman[2] 为代表;另外一种观点认为企业除了对股东负有经济责任之外,还应对社会负责,主要以 Dodd[3]、Ho[4]、Bowen[5]、McGuire[6] 为代表。在随后的 20 年里,学术界展开了一场分别以 Berle 与 Dodd 为代表的关于企业是否应承担社会责任的论战,而第二种观点获得了越来越多的认可。1960 年,Davis 提出"责任铁律",认为商人所做出的决策和采取的行为要考虑企业外因素[7]。1983 年,Freeman 提出了利益相关者的理论[8],并在 1984 年对利益相关者进行了系统阐述,认为企业对利益相关者负有社会负责[9]。随后,国际上对企业社会责任的定义出现了一百多种,侧重点各有不同[10][11],学术界和各机构给出的比较典型的定义见表 3.1、表 3.2。

---

[1] Berle A A: For whom corporate managers are trustees: A note, Harvand Law Review, 1932 年第 8 期。

[2] Friedman M: Capitalism and freedom, Chicago: University of Chicago Press, 1962 年。

[3] Dodd M E: For whom are corporate managers trustees?, Harvard Law Review, 1932 年第 7 期。

[4] Ho S S M, Shun W K: A study of the relationship between corporate governance structures and the extent of voluntary disclosure, Journal of International Accounting, Auditing and Taxation, 2001 年第 2 期。

[5] Bowen H. R: Social responsibilities of the businessman, New York: Harper, 1953 年。

[6] McGuire J W: Business and society, New York: McGraw-Hill, 1963 年。

[7] Davis K: Can business afford to Lgnore corporate social responsi-bilities?, California Management Review, 1960 年第 3 期。

[8] Freeman R E, Reed D L: Stockholders and stakeholders: A new perspective on corporate governance, California Management Review, 1983 年第 3 期。

[9] 弗里曼著,王彦华、梁豪译:《战略管理:利益相关者方法》,上海:上海译文出版社,2006 年。

[10] Robbins S P. Management: 3rd ed, Englewood Cliffs, NJ: Prentice Hall, 1991 年。

[11] Mohr L A, Webb D J, Harris K E: Do consumers expect companies to be socially responsible? The impact of corporate social responsibility on buying behavior, Journal of Consumer Affairs, 2001 年第 1 期。

第三章 供应链企业社会责任界定及分层模型构建

表 3.1 企业社会责任的典型定义

代表人物	企业社会责任定义
Berle(1932)	企业只需要履行对其股东的责任①
Dodd(1932)	企业经营者应该对各种利益相关者负有不同责任②
Simon(1945)	企业应承担超越法律之外的责任③
Bowen(1953)	大部分大型企业的管理不仅仅需要关注其损益表的健康状态,同时要认识到和日常行为相关的更广泛的责任④
McGuire(1963)	企业必须履行经济和法律责任之外的关心社会福利的义务
Friedman(1970)	企业社会责任实践可能成为企业的管理战略,能产生附加利润
Carroll(1979)	完整的企业社会责任包含了四层责任:底层是经济责任(有利可图的),最顶层是慈善责任(合格的企业公民),另外两层包括法律责任(遵守法律的)和伦理责任(有道德的)
Freeman(1984)	企业对多方面的利益相关者负有责任⑤

表 3.2 企业社会责任的典型定义(续)

代表人物/组织	企业社会责任定义
世界商业可持续发展委员会(1998)	企业应对经济可持续发展做出贡献,并与员工、家人、当地社区和社会一起努力,最大程度地改善他们的生活质量
普拉利(1999)	企业必须承担关心消费者、环境和员工最低工作条件的最低责任⑥
欧盟委员会(2001)	企业社会责任是企业在经营过程中与其股东互动中自愿关注社会和环境问题
社会责任国际标准SA8000(2001)	公司对于社会肩负着遵从及尊重关于人权、平等机会、生活基本需要、合理的劳动待遇、健康与安全等法规或条例的责任

---

① Berle A A: For whom corporate managers are trustees: A note, Harvand Law Review,1932 年第 8 期。
② Dodd M E: For whom are corporate managers trustees?, Harvard Law Review,1932 年第 7 期。
③ Eells R S F: The meaning of modern business: An Introduction to the philosophy of large corporate enterprise, New York: Columbia University Press, 1960 年。
④ 陶菁:《全球供应链中的企业社会责任价值分配》,《开发研究》,2009 年第 4 期。
⑤ Wood D J. Corporate social performance revisited, The Academy of Management Review,1991 年第 4 期。
⑥ 普拉利:《商业伦理》,北京:中信出版社,1999 年。

(续表)

代表人物/组织	企业社会责任定义
Carter & Jennings(2002)	企业社会责任是企业的活动对不同的社会群体的影响,包括人权、环境保护、污染排放物控制、慈善事业等①
卢代富(2002)	企业社会责任是除了谋求股东利润最大化之外的维护和增进社会利益的义务②
Fahy(2005)	企业社会责任是指企业在商业运作和与其他利益相关团体交互过程中自愿整合了社会和环境问题③
Williams(2001,2006)	企业社会责任是超越遵守环境和社会问题方面的法律法规的企业的自愿行为④⑤
Waldman、Siegel、Javidan(2006)	企业社会责任是企业所做的决策,这些决策能提高或促进社会福利,并超出了公司和其股东的当前利益,超出了法律所规定的义务⑥
Riyanto & Toolsema(2007)	企业社会责任是企业或其股东为了减少强加于利益相关者的负外部性而进行的投资⑦
Ciliberti(2008)	公司的物流社会责任实践划分为五类:采购社会责任、可持续运输、可持续包装、可持续仓储和逆向物流系统⑧

① Carter C R, Jennings M M: Social responsibility and supply chain relationships, Transportation Research Part E: Logistics and Transportation Review, 2002 年第 1 期。
② 卢代富:《企业社会责任的经济学与法学分析》,北京:法律出版社,2002 年。
③ Fahy M, Weiner A, Roche J: Beyond governance: Creating corporate value through performance, conformance and responsibility, New Jersey: John Wiley & Sons, 2005 年。
④ McWilliams A, Siegel D: Corporate social responsibility: A theory of the firm perspective, The Academy of Management Review, 2001 年第 1 期。
⑤ McWilliams A, Siegel D S, Wright P M: Corporate social responsibility: International perspectives, SSRN Electronic Journal, 2006 年第 23 期。
⑥ Waldman D A, Siegel D S, Javidan M: Components of CEO transformational leadership and corporate social responsibility, Journal of Management Studies, 2006 年第 8 期。
⑦ Riyanto Y E, Toolsema L A: Corporate social responsibility in a corporate governance framework, SSRN Electronic Journal, 2007 年。
⑧ Ciliberti F, Pontrandolfo P, Scozzi B: Logistics social responsibility: Standard adoption and practices in Italian companies, International Journal of Production Economics, 2008 年第 1 期。

(续表)

代表人物/组织	企业社会责任定义
国际标准 ISO 26000（2010）	社会责任是指企业"有义务影响商业决策和社区活动及其环境",用坦荡的态度对待均衡发展和社会幸福,同时考虑到各方期望
Goering(2012)	企业社会责任是根据广泛的社会和环境目标的"负责任的态度或方式"的企业行为[1]
Carroll & Buchholtz(2012)	企业社会责任是社会在特定时间强加于组织的经济、法律、伦理和慈善方面的期望[2][3]
Lombart & Louis(2014)	企业必须守法和追求利润,但企业运作要对所有的利益相关者负责[4]

以上定义中,最为典型的是 Carroll 在 1979 年提出的企业社会责任的定义,他认为企业社会责任是企业的经济责任、法律责任、伦理责任和慈善责任之和[5],具体界定见表 3.3 所示。这一定义得到了广泛的认可,其他学术界人士和机构给出的企业社会责任的概念基本都是围绕这一核心定义进行扩展或者完善的。

表 3.3　Carroll 对企业社会责任的界定

序号	内容构成	内容界定	所占比重
1	经济责任	满足生产、盈利、消费者需求的责任	4
2	法律责任	遵守法典规定,在法律要求下履行经济使命	3
3	伦理责任	遵守企业行为规范和准则,尊重和保护股东权益,全面关注消费者、雇员和当地社区	2
4	慈善责任	企业参与除法律和伦理责任之外的义务	1

---

[1] Goering G E: Corporate social responsibility and marketing channel coordination, Research in Economics,2012 年第 2 期。

[2] Carroll A B: The pyramid of corporate social responsibility: Toward the moral management of organizational stakeholders, Business Horizons,1991 年第 4 期。

[3] Carroll A B, Buchholtz A K: Business & society: Ethics, sustainability and stakeholder management, Mason, Ohio: South-Western Cengage Learning, 2012 年。

[4] Lombart C, Louis D: A study of the impact of corporate social responsibility and price image on retailer personality and consumers' reactions (satisfaction, trust and loyalty to the retailer), Journal of Retailing and Consumer Services,2014 年第 4 期。

[5] Davis K: Can business afford to ignore corporate social responsi-bilities?, California Management Review,1960 年第 2 期。

3.1.2 企业社会责任内容及责任对象分类

随着对企业社会责任的重视增加,学术界在研究企业社会责任概念的同时也开始对责任对象和责任内容进行细化研究。在责任对象方面,经过多年的研究,由最初的只对股东负责(Berle、Friedman),扩展到对职工、消费者和社会公众(Dodd)、外界环境(美国经济发展委员会)、员工家庭、当地社区(世界商业可持续发展委员会)和社会负责,一直到利益相关者(Freeman)的系统提出。在责任内容方面,学者们和组织机构都对"负什么责任"进行了研究,对具体责任的"负责什么"进行了外延式界定。如,刘俊海认为企业应最大限度地增进股东、职员、消费者、债权人、中小竞争者、当地社区和环境、社会弱者的利益[①];卢代富认为企业社会责任是谋求股东利润最大化、维护和增进社会利益[②];屈晓华认为企业社会责任是企业对员工、商务伙伴、客户、社区、国家履行的义务和责任,是企业经营目标的综合指标[③]。随着研究的深入,我国政府也将企业社会责任纳入了一些法规。2002年,《上市公司治理准则》规定:"上市公司应尊重银行及其他债权人、职工、消费者、供应商、社区等利益相关者的合法权利。"《中华人民共和国公司法》第5条明确规定:"公司从事经营活动,必须遵守法律、行政法规,遵守社会公德、商业道德,诚实守信,接受政府和社会公众的监督,承担社会责任。"其他诸如《中华人民共和国劳动合同法》《中华人民共和国环境保护法》等相关法律也有关于企业社会责任的规定,彰显了我国政府对企业社会责任的重视。

综上所述,目前企业社会责任的责任对象基本界定清楚,但对责任内容的界定还没有形成统一的定论,有待进一步明确。

---

① 刘俊海:《公司的社会责任》,北京:法律出版社,1999年。
② 卢代富:《企业社会责任的经济学与法学分析》,北京:法律出版社,2002年。
③ 屈晓华:《企业社会责任演进与企业良性行为反应的互动研究》,《管理现代化》,2003年第5期。

3.1.3 本书对企业社会责任概念及内容的界定

1. 企业社会责任的认识误区及厘清

伴随着经济的高速发展,我国环保、劳资关系、市场秩序等方面的一系列社会问题日益凸显,在树立科学发展观、构建社会主义和谐社会的理念下,人们日趋关注企业社会责任。但是,当前许多企业对承担社会责任的认识还存在诸多误区,由此导致当前企业社会责任普遍缺失的严重后果,对此应当引起重视①。

(1) 误区一——企业社会责任就是"企业"对"社会"的额外付出,与企业经营无关

这种误区普遍存在于各种小企业和个人之中,源于其对"企业社会责任"概念仅从其字面意思进行理解,认为企业社会责任就是"企业"对"社会"额外的纯粹的付出,没有任何回报,就是"企业办社会",是政府将属于自己的义务转嫁给了企业,让企业帮忙建立和兴办一些与企业经营没有任何关系的公共机构和设施,承担了一些额外的像社会保障等的社会职能。这种误区导致了公众对企业行为监管的忽视,形成了企业消极履行企业社会责任的被动局面。其实,企业社会责任的履行主体包括所有的经济组织,而不仅仅是企业;企业社会责任与企业经营密切相关;其责任对象也比较广泛,如股东、员工、顾客、合作伙伴、社区、政府、社会公众等等。

(2) 误区二——企业社会责任就是纯粹的奉献,等同于慈善捐款

关于这种误区的陈述有很多,如"公益论""奉献论""捐款论",其误认为企业社会责任单纯只是"支持公益事业""做好人好事""无私奉献",甚至把企业社会责任直接异化为"慈善捐赠"。这种误区导致很多企业或个人认为只有捐款才能彰显自己对社会的责任,以至于每次援助捐款都会大肆宣传,甚至排名相互对比,断章取义地认为捐款多就是企业社会责任履行水平高,而实际上很多企业连每年发布企业社会责任报告都做不到。其实,在西方国家,对于企业捐款一般不作宣传或者媒体报道,否则会被认为是别有用

---

① 左伟,朱文忠:《走出企业社会责任的认识误区》,《南方日报》,2010年1月10日。

心。慈善捐款只是企业社会责任中的高级责任——慈善责任的一种履行方式而已，或者说只是慈善责任的一个构成部分，无法代表真实的企业社会责任履行水平。

（3）误区三——企业社会责任只是宣传工具，等同于"报告＋形象"的面子工程

我国媒体对于企业慈善捐款的过分报道和排名，以及很多企业编制的"报喜不报忧"的企业社会责任报告，致使很多人误以为企业社会责任是企业宣传自己的工具。企业社会责任报告原本是利益相关者因无法监督企业行为，特要求企业披露相关信息，便于与企业沟通的一种方式。然而，目前的企业社会责任报告由企业自行编制，难免只披露具有"偏好倾向"也就是"报喜不报忧"的信息，只讲成绩，很少陈述不足，导致很多人误以为企业社会责任报告是企业进行宣传或是向利益相关者表决心、提高企业形象的一种窗口；甚至导致有些人误认为企业社会责任本身就是一种"华而不实"的面子工程，利用多种形式的面纱，如公益营销，来夸大或过分地宣传其履行了社会责任，并追求获得各种各样的奖项，把企业社会责任等同于"品牌形象策划"的面子工程，增加竞争胜算，严重扭曲了企业社会责任的内涵和作用。

（4）误区四——履行社会责任只是政府和大企业的事，与小企业无关

目前很多企业在社会责任方面持旁观态度，认为他们生产质量合格的产品、发展壮大企业的规模、纳税就是履行了全部责任，社会责任是政府的事；有一些企业认为他们在发展初期不需要履行社会责任，因为企业规模小，实力弱，没有经济实力去履行社会责任，很多企业家经常会以企业经济实力不足为借口，推卸履行社会责任。目前，我国已经形成了国有企业社会责任履行水平明显高于民营企业、外企明显高于国企的尴尬局面，已严重损害社会权益与环境状况。前面已经讲过企业社会责任的履行主体是所有经济组织，不仅包含国有企业、外资企业，也包括各种形式的民营企业。

（5）误区五——履行社会责任是纯粹的义务，只会加大企业经营成本、形成负担

这种误区容易使企业社会责任归入"负担论"，即认为任何社会责任的履行都会直接增加企业的经营成本，不能给企业带来直接效益。这导致有些企业虽被迫公开强调社会责任的重要性，但在决策时仍然认为社会责任

是额外的企业负担,认为企业社会责任是"向企业乱摊派",只会增加成本;甚至出现抵制企业社会责任实施的不良风气,在经营中弄虚作假、偷税漏税,产生过度的负外部性,以至于最终遭遇严重的生存危机,还意识不到社会责任管理是企业风险管理的重要工具和机制,是全面获取客户认可及提高企业绩效、运营透明度、品牌美誉度和可持续发展能力的重要举措。

以上种种误区存在的一个重要原因,就是对企业社会责任没有一个系统的认识。唯有弄清楚企业社会责任到底是"由谁负责""对谁负责""负责什么""负责到什么程度"这些问题,才能系统认识企业社会责任,并以正确的方式方法去履行。

2. 企业社会责任概念的界定

通过对企业社会责任的演变分析和误区厘清,本书认为企业社会责任是指企业在谋求自身利益的生产经营决策和活动过程中对股东、员工、顾客、合作伙伴、竞争对手、政府、社区、社会公众等所有的利益相关者负有的所有强制性和自愿性的经济责任、法律责任、伦理责任和慈善责任的总和。

此定义明确了责任对象及具体责任内容,还包含以下含义:

(1) 企业社会责任与企业的自身利益及生产经营活动息息相关,只要企业开始开展生产经营活动、追求自身利益,就应该履行企业社会责任。这就决定了企业应主动将企业社会责任和企业战略规划及日常运营结合起来,主动履行企业社会责任,而不是被动地应付。

(2) 企业社会责任是一种意愿,强调企业愿意为自己对社会和环境的影响承担责任。企业社会责任有强制性和自愿性之分,强制性的必须履行,而自愿性的可有选择地履行。目前,各个企业履行社会责任的意愿不同决定了其履行水平存在差距。

(3) 企业社会责任是企业通过公开、透明、道德的方式表明对社会负责任的一种行为,这种行为以遵纪守法为基础,并不断超越,最大限度地贡献于可持续发展。

(4) 企业社会责任是企业融入社会的运作模式,通过企业社会责任管理及实践可以确保企业对社会负责任,实现企业与社会发展的双赢。

3. 本书对企业社会责任内容的重新界定

通过以上对企业社会责任的误区厘清及概念界定,本书对企业社会责任的具体内容界定如下：

(1) 经济责任

经济责任是企业所应当承担的最基本的社会责任，是指企业生产、盈利、满足消费需求的责任，主要包括：创造利润、完善公司治理结构、提供多样化的产品和服务、提供就业机会、促进社会财富的增长、提高社会资源的利用效率等。经济责任的核心是保证股东的投资能够获取合理的回报，并为企业的未来发展积累财力。

(2) 法律责任

法律责任是指企业在谋求股东利益最大化的同时所负有的维护和增进社会利益的强制性义务，是企业所应当承担的最底层、最基本的社会责任。企业的法律责任主要有：遵纪守法、依法经营、依法纳税，公平竞争，遵守政府制定的各项劳动政策法规和制度条例，不干扰企业所在社区居民的正常生活，在用工、招聘中提供平等机会，对企业可能造成的污染进行治理和补偿等，其核心是为企业守法经营和稳固长远发展打好根基。

(3) 道德责任

企业道德责任是指企业在生产经营活动中自觉履行伦理准则和道德规范的责任，主要表现为与合作伙伴、环境、政府等的共赢发展。不少学者把法律责任称为"硬约束"，把道德责任称为"软约束"。道德责任反映了企业社会责任的价值追求。企业的道德责任源于企业的社会属性，企业在追求公司利润与股东收益这个经济目标的同时，也必须兼顾其他社会使命。也就是说，企业在追求经济利益的同时要与其他组织合作，整合社会资源，满足社会需要。在这个过程中，企业不能有违背伦理、背信弃义、污染环境等败德行为，应当遵守社会公德，维护良好的社会秩序，与利益相关方实现多方共赢。企业道德责任主要有：关爱员工、改善员工工作环境、提升消费者服务水平、遵守商业道德、平等交易、诚实守信、保护环境、节约资源能源、持续发展等。

(4) 慈善责任

慈善责任是指企业作为社会的组成成员，必须为社会的繁荣、进步和人类生活水平的提高做出自己应有的贡献。慈善责任不具有强制性特征，而具有很大的自愿性，企业在"能力所及"时可根据自身的经营管理实际选择性地从事社会公益事业。企业慈善责任主要有：慈善捐款、热衷公益事业、服务社区、支持公共设施建设、扶助弱势群体等。

3.2 企业社会责任层次理论

为了更好地推进企业社会责任,许多学者提出了企业社会责任的层次理论。现有的企业社会责任的层次理论主要涉及企业社会责任内容分层和责任对象分层,而对于企业各个阶段应该主要对谁承担什么责任,以及与企业运行的结合方面的阐述仍不清晰,导致很多企业在承担社会责任上存在一定的随意性和盲目性,甚至是功利性。从国内外研究来看,目前关于企业社会责任的层次理论比较有代表性的分别是同心圆模型、金字塔模型、三角模型和分级模型,其中 Carroll 的金字塔模型得到广泛认可。

3.2.1 同心圆模型

1971 年,美国经济发展委员会(Committee for Economic Development,CED)在发布《工商企业的社会责任》报告时提出了企业社会责任的同心圆模型,具体含义如图 3.1 所示。同心圆模型将企业社会责任分为三层:内层圆是企业的基本责任,主要包括产品、就业和经济增长等;中层圆包括企业对其行为可能影响的社会和环境变化要负的责任,如环境保护、雇佣及与员工的关系、向顾客提供更多的信息、公平对待和预防伤害;外层圆包括更大范围地促进社会进步的无形责任,如广泛参与改善社会环境的活动、解决贫困问题等①。

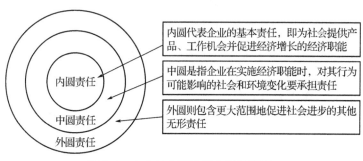

图 3.1 企业社会责任同心圆模型图

---

① 辛杰:《企业社会责任研究——一个新的理论框架与实证分析》,山东大学博士学位论文,2009 年。

企业社会责任同心圆模型体现了企业需要分层承担社会责任的中心思想,但对于"对谁负责""负什么责"的阐述不够明确。

3.2.2 金字塔模型

企业社会责任的金字塔模型是 Carroll 在 1991 年提出来的,他把企业社会责任分为经济责任、法律责任、伦理责任和慈善责任四个层次,如图 3.2 所示。

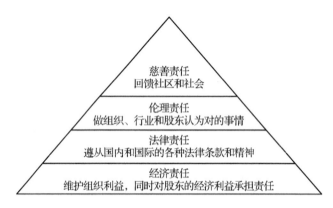

图 3.2 企业社会责任金字塔模型图

Carroll 认为金字塔的底部是企业的基本责任——经济责任,包括维护组织利益、对股东的经济利益承担责任等。第二个层次是期望企业遵从国内和国际的各种法律条款和精神的法律责任。第三层是伦理责任,要求企业不能损害利益相关者(雇员、消费者、环境等)的利益,并有义务去做那些正确的、正义的、公平的事情。第四层是慈善责任,在该金字塔的最上层,期望企业成为一个好的企业公民,能够自愿履行慈善责任,为社区生活质量的改善出财出力,做出力所能及的贡献。

在 Carroll 看来,这四个层次并不是等量齐观的,相反,它们的权数各不相同,其权数按经济责任、法律责任、伦理责任和慈善责任依次为 4∶3∶2∶1。这一权数关系后来被称为"卡罗尔结构"。他认为,企业需要从整体来看待金字塔模型,去关注在同时履行这些责任时所可能涉及的决策、行动。企业并不是按金字塔中由低到高的次序履行其责任,而是同时履行所有的社

第三章 供应链企业社会责任界定及分层模型构建

会责任,包括经济、法律、伦理和慈善四个方面的责任[1]。

企业社会责任金字塔模型针对企业"负什么责"做了详细的分层阐述,其提出的责任内容得到了学术界的一致认可,但此模型对于"对谁负责"的阐述仍不够清晰。

3.2.3 三角模型

2003 年,陈志昂和陆伟从企业社会责任的供给与需求角度分析提出了三角模型[2]。企业社会责任三角模型包括三个层次,如图 3.3 所示。

最下面一个层次为法规层次,要求企业严格按照法律和规章的规定行事,属于服从性的行为,例如控制污水和废气的排放,是对企业社会责任行为最基础的和强制性的要求,企业履行了法律法规层次的要求,也保护了股东的利益。由于这一层次的责任具有强制性与双赢性,其构成了企业社会责任行为的基础,一个社会绝大多数企业社会责任行为都属于这一层次。

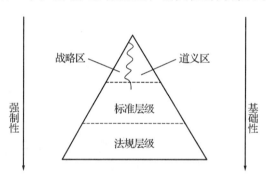

图 3.3 企业社会责任三角模型图

第二个层次为标准层次,这一层次的企业社会责任行为属于依从性行为,企业按照社会风俗习惯(可称为社会标准)、行业标准行事,否则就有可能不被消费者认可,或受到竞争对手排挤。由于这一层次的强制性有所减弱,所以它的基础性作用不如法规层次那么重要。

第三个层次是战略与道义层次,其强制性和基础性最弱。战略区包括

---

[1] Carroll A B: The pyramid of corporate social responsibility: Toward the moral management of organizational stakeholders, Business Horizons,1991 年第 4 期。

[2] 陈志昂,陆伟:《企业社会责任三角模型》,《经济与管理》,2003 年第 11 期。

的行为是企业管理者站在战略角度上采取的一些行动,是以利润最大化为目的的,是对消费者、竞争者、雇员、法律等内外部压力所做的积极反应。道义区包括的行为是企业管理者基于自身的价值判断而实施的行为,从短期角度看,是偏离利润最大化目标的,这类行为对社会比对企业更为有利。战略区与道义区的界限很难划分。三角模型的三个层次之间是可以相互渗透和移动的。

企业社会责任三角模型主要对企业社会责任行为进行了分层,但对具体责任内容及对象的责任行为论述不够明确。

3.2.4 分级模型

企业社会责任分级模型最早是由陈迅和韩亚琴在2005年提出来的[①],2012年金文莉对其进行了补充[②]。该模型依据企业社会责任与企业关系的紧密程度把企业社会责任分为三个层次:基本企业社会责任、中级企业社会责任和高级企业社会责任,如图3.4所示。

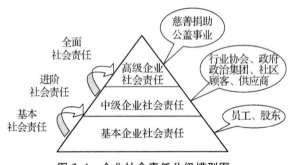

图 3.4 企业社会责任分级模型图

基本企业社会责任是企业必须首先做到的,包括对股东负责和善待员工。对股东负责意味着企业是能够盈利的,如果企业不能盈利,就没有理由也不可能继续生存下去。善待员工是指要在法律要求的范围内最低限度地保证员工的权益。

---

① 陈迅,韩亚琴:《企业社会责任分级模型及其应用》,《中国工业经济》,2005年第9期。
② 金文莉:《基于相关利益者理论的企业社会责任层次模型》,《财会通讯》,2012年第6期。

中级企业社会责任包括对消费者负责、服从政府领导、搞好与社区的关系和保护环境,是企业存在的保证。它涉及企业的四个利益相关者:政府、消费者、社区和环境。这个层次的责任是企业最自觉想做到的,因为这个层次的几个利益相关者决定着企业的兴旺甚至生存。

高级企业社会责任包括积极慈善捐款和热心公益事业,是企业的自愿性选择。企业应该根据自身的实际情况选择在高级社会责任方面付出的财力、人力、物力,但不能为了盲目追求这方面的贡献而妨碍了履行其他两个层次的责任[①]。

企业社会责任分级模型结合企业社会责任与企业关系的紧密程度对企业社会责任进行了划分,明确了各层责任对象,但对各层责任内容的界定相对模糊。

除以上四种典型模型之外,其他学者也从不同的角度对企业社会责任进行了分层界定。赵辉、李文川将我国民营企业的社会责任依次分为法律责任、经济责任、伦理责任和慈善责任四个层次。他们认为法律是企业生存的前提,是赢得消费者认可的基础,只有履行了法律责任,才能实现长期盈利,才能真正承担起经济责任,进一步为履行伦理责任和慈善责任奠定基础[②]。陈昕构建了企业社会责任的六个层次,经过实证研究发现,商业责任、员工保障、股东权益三维度处于高水平层次,体现了企业对外部及内部经济依赖性的重视;而环境责任、企业管理以及社区责任三维度则是企业社会责任表现中的短板,属于较低水平层次,亟待改善[③]。刘建秋、宋献中进行了实证研究,认为企业应该依次履行顾客责任、员工责任、环境责任、政府责任和慈善责任[④]。综上所述,目前的企业社会责任层次分析都不系统,没有具体分析企业在发展阶段的责任对象、责任内容和责任措施。

---

① Carroll A B: The pyramid of corporate social responsibility: Toward the moral management of organizational stakeholders, Business Horizons, 1991 年第 4 期。
② Goel M, Ramanathan M P E: Business ethics and corporate social responsibility—Is there a dividing line?, Procedia Economics and Finance, 2014 年第 11 期。
③ 陈昕:《企业社会责任表现的结构维度层次及其差异》,《暨南学报(哲学社会科学版)》,2013 年第 2 期。
④ 刘建秋、宋献中:《契约理论视角下企业社会责任的层次与动因——基于问卷调查的分析》,《财政研究》,2012 年第 6 期。

3.3 企业社会责任分层界定及模型构建

3.3.1 企业社会责任分层界定

现实生活中无论是对企业社会责任还是对可持续发展都存在一定的认识误区,没有考虑企业的"能力所及",在企业还没有站稳脚跟、没有找到自身可持续经营模式、保证能持续盈利的情况下,就希望其能直接负起道德责任和慈善责任,改善投资环境和公益事业,这显然是不现实的,三鹿奶粉的"三聚氰胺"、富士康的"血汗工厂"、丰田的"召回门"等事实充分证明了这一点。撇开基础责任,盲目追求高层次社会责任是不现实的,企业必须从基层开始,结合企业实际能力,逐层推进社会责任的履行。需要说明的一点是企业任何阶段都可以同时履行所有的责任,只是各阶段企业履行社会责任的侧重点有所不同[①]。

1. 责任内容的分层界定

企业社会责任主要由经济、法律、道德、慈善四部分责任构成,经济责任是企业立足之本,法律责任是公司运营的底线,道德责任是"软约束",慈善责任则是企业回馈社会的理想。企业社会责任的内容应该如何分层,企业应该先履行经济责任,还是先履行法律责任,目前学术界和企业界还存在着一定的争议。

作为社会经济主体,企业的主要功能是在为顾客提供产品和服务的过程中,实现创造财富、促进就业、推动社会经济技术进步等,而这些功能的完成依赖于企业具备良好的经济基础和持续获利能力。从这个意义上来讲,经济责任是企业立足之本,利润最大化是企业进行经济活动的活力和动力。亏损的企业非但是不能长久的,也没有机会履行任何责任。尽管古典理论关于企业社会责任仅限于获取最大利润的界定过于极端,但也恰恰说明了追求利润是企业经营的根本。企业的获利情况决定了其提供社会支持的能力的高低,经营业绩的好坏直接决定了企业可以承担的社会责任层次和社

---

① 陈宏伟:《我国民营企业社会责任问题研究》,西安理工大学硕士学位论文,2009年。

会支持效果。

当今社会是一个法治社会,遵守法律法规等相关制度既是企业开展一切经营活动的基础,也是企业获得持续发展的前提,法律责任是企业运营的底线,是企业所应当承担的最底层、最基本的社会责任。完全脱离法律目标的经济责任在现阶段是不现实的,也是不可持续的。近年来频发的如三聚氰胺奶粉、苏丹红、地沟油和毒胶囊等事件,凸显了当前企业法律责任缺失及其给社会公众带来的严重危害。要杜绝这类事件,就必须迫使企业扛起企业法律责任这面大旗,走可持续发展道路。

以往,很多学者把经济责任和法律责任分为不同层次,且将经济责任置于第一层,难免会导致企业片面强调"经济效益"以及"利益最大化",以牺牲长远利益来获取当前短期利益。而企业守法的力度和经营业绩的好坏也直接决定着企业承担后续社会责任的层次和效果。

综上所述,本书认为经济责任和法律责任同等重要,都是企业社会责任的基础和核心,两者相辅相成,缺一不可,必须同时置于企业社会责任的基础层。企业必须在遵守法律的情况下进行生产、盈利、满足消费需求,违背法律的盈利和恪守法律的亏损都会使企业没有长久的立足之地,更谈不上可持续发展。企业应同时履行经济责任和法律责任,打牢企业社会责任金字塔的根基,然后依次履行道德责任和慈善责任。企业只有先践行经济责任和法律责任,才能为企业长远发展奠定法律根基和经济基础,才有动力和能力去践行道德责任,实现与利益相关者的双赢。慈善责任的承担因企业而异,各企业应根据自身的承受能力、企业运营实际以及可持续发展规划自主选择慈善责任的内容和承担形式。脱离现实承受能力的盲目慈善只会"哗众取宠",近几年陆续有很多企业陷入"捐款门"风波,像沃尔玛、诺基亚、康师傅等,他们"诺而不捐""诺而少捐"的后果说明没有责任根基、盲目追求高层次的慈善责任只能"昙花一现",不能持久。综上所述,本书认为企业社会责任内容应该分为三层,如图3.5所示,有侧重点地分层推进企业社会责任才能实现其可持续发展。

图 3.5　企业社会责任内容分层图

2. 责任对象的分层界定

企业社会责任的对象非常广泛，包含企业直接利益相关者，如员工、合作伙伴等；也包括企业间接利益相关者，如社区、公众等。而直接利益相关者又分为直接与企业内部经营相关者，如股东；以及与企业外部经营相关者，如合作企业。面对如此众多的责任对象，企业只有按照重要性及企业发展阶段，分层实施企业社会责任，才能切实保障利益相关者的利益。

企业最初的立足源于有能力提供顾客所需要的产品或服务，而要完成这个使命需要股东投入、员工付出努力。股东、员工和企业赖以生存的顾客也正是企业直接利益相关者，因此，本书认为企业社会责任的首要责任对象应该是直接决定企业生存的股东、员工和顾客。对这部分责任对象，企业的重点应该放在经济责任和法律责任上，如维护债权人和股东的经济利益、向顾客提供保质保量的产品或者服务、保障员工的福利待遇和职业健康等。保证了这一层次责任的履行，企业就可以在激烈的市场竞争中保有自己的一席之地。

除股东、员工、顾客之外，其他如合作伙伴（供应商、零售商等）、环境、竞争者等这些与企业外部经营利益相关者，也在为企业的生产运行或者在消费市场中扮演着重要角色，企业也要保障他们的利益，本书认为他们就是企业的第二层责任对象。企业对他们除了负有经济责任和法律责任之外，更多的是道德责任，如遵守商业道德、平等交易、诚实守信、保护环境、节约资源等。保证了这一层次责任的履行，企业就可以寻求与合作伙伴、周边环境共生共赢。

企业在追求自身利益的同时，还要回报社会，力所能及地对非直接利益相关者，如政府、社区、公众等负责。企业对他们更多的是负有慈善责任，如慈善捐款、服务社区、抗灾救灾、保护弱势群体等。保证了这一层次责任的履行，企业就可以真正融入社会，实现与环境和社会的可持续发展。

基于以上分析，企业须将责任对象分成三层，如图3.6所示。企业在能力有限的情况下，必须先确保第一层责任对象的利益，这也是企业对自己生存的责任体现，企业对这一层责任对象责任的履行程度决定了其对第二、三层责任对象的责任履行力度及成效。在第一层的基础上，逐步推进对第二层责任对象的责任的履行，确保他们的权益，然后在力所能及的前提下，有选择地履行对第三层责任对象的责任。唯有如此,企业才能在逐渐发展壮大的同时,分层次、有重点地切实保障各责任对象的权益,处理好与利益相关者的关系,实现共赢发展。

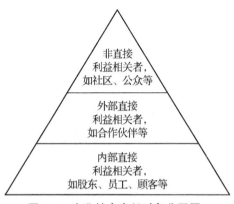

图 3.6　企业社会责任对象分层图

3. 责任实施的分层界定

履行企业社会责任是企业获取长期战略收益的必要条件。但通过以上企业社会责任内容及对象的层次分析,可以看到企业社会责任的履行是个庞大的系统工程,不能一蹴而就,因此,如何结合企业不同阶段的发展情况对不同责任对象实施不同责任内容是目前企业面临的主要问题。

对于处于创业阶段的企业,除了关注利润之外,还有一个比赚取利润更重要的事情,就是要让企业在激烈的社会竞争中存活下来,这样才能有发展壮大的可能。企业要存活,首先要合法地赚取利润。所以,在企业刚刚成立和起步阶段,企业应强制性地把以经济责任和法律责任为主的企业社会责任履行当作企业基础性工作,履行对第一层次责任对象的责任,确保员工和消费者的利益不受到侵害,打造和谐的劳资关系和供求关系,尤其要构建起一个让员工有归属感的负责任企业,使企业全体员工齐心协力,共同满足顾客需求,以此在日益严峻的利润空间中寻求自己的立足之地,确保有后续发展的可能。

当企业积累了足够的立足之本,企业进入发展阶段,应有意识地把以道德责任为主的企业社会责任履行当作企业获取良好声誉的战术性工作,践行对第二层次责任对象的责任,尤其是对合作伙伴和周边环境的社会责任,打造共赢的合作伙伴关系,与上下游企业精诚合作、互惠双赢,提升服务品质和企业形象,赢得顾客、合作伙伴和社会各界的信任和支持,以此提升企业核心竞争力和行业影响力,探索适合自己的可持续发展模式。

当企业经历了快速发展阶段以后,企业步入成熟阶段,应自觉地把以慈善责任为主的企业社会责任履行当作企业实现可持续发展的战略性工作,践行对第三层次责任对象,尤其是对社区、社会公众的社会责任,打造和谐的社会关系,结合企业日常运营,力所能及地服务社区、支持公益事业,树立诚信、负责、奉献等积极向上的企业形象,成为利益相关者纷纷拥护的和谐社会的一分子,实现企业与社会和环境的可持续发展。

3.3.2 企业社会责任分层可持续模型

1. 企业社会责任分层可持续模型的构建

基于以上对企业责任内容、责任对象和责任实施阶段的层次分析,本书充分考虑企业不同发展阶段的特点和实力,融入可持续发展理念,构建了企业社会责任分层可持续模型,具体见图3.7所示。该模型融合了企业社会责任、合作关系以及企业与社会可持续发展的目标和理念,明确了企业不同发展阶段企业社会责任的内容、对象、分层推进路径和策略,为企业履行社会责任提供了一个系统而清晰的蓝图。

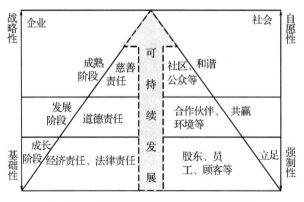

图3.7 企业社会责任分层可持续模型图

2. 企业社会责任分层可持续模型的内涵

(1) 结合企业发展生命周期,考虑了企业各阶段履行责任的能力可行性,为企业指明了不同发展阶段的企业社会责任的履行重点,避免了企业履行社会责任的盲目性。

(2) 明确了企业社会责任内容的分层,充分考虑了企业立足阶段的特点,将经济责任和法律责任设为企业社会责任的根基,为企业尤其是新兴企业的长久发展奠定了稳固基础。

(3) 明确了企业利益相关者责任的分层,在企业经济能力有限的情况下,为企业指明了对不同阶段责任对象的责任履行的重点,有助于企业协调与利益相关者的关系,快速融入社会。

(4) 考虑了企业社会责任对企业发展的作用,明确了企业对不同责任对象履行不同社会责任内容的策略,为企业的长远发展提供了一个企业社会责任的履行蓝图。

3. 企业社会责任分层可持续模型的实施

企业社会责任内容多、责任对象广泛,其推进过程是个系统工程,需要分层逐步实施,每一层的实施成效都关系到后续更高层次的实施力度。企业的每一层社会责任的履行都凝聚了他们的艰辛和努力,社会责任履行绩效直接关系到企业后续责任履行的信心和决策。为确保企业每次社会责任履行绩效,本书借助质量持续改进模型——PDCA循环,构建高质量的企业社会责任持续改进模式,并通过PDCA的循环实施,确保企业社会责任履行的持续提高(如图3.8所示)。企业社会责任分层可持续模型中任一层次社会责任的持续推进都可以借助此模式实现,达到全过程、全企业、全员参与的全面社会责任管理。

基于PDCA的企业社会责任持续推进模式主要包括以下环节:

(1) 计划(PLAN)阶段——责任目标及计划制订

无论是哪个层次的企业社会责任履行,首先都需要明确社会责任目标,有了目标才能认准责任推进方向;其次要根据目标细化责任内容及考核指标,为后续的实施、检查和处理工作提供依据和指导;最后,在广泛调研的基础上,结合企业当前情况,全员参与制订切实可行的责任推进计划。责任计

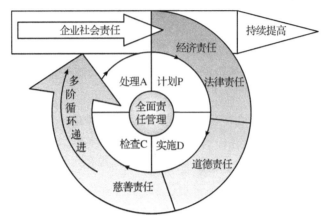

图 3.8　企业社会责任持续推进图

划的制订要翔实,最好通过相关部门的审核和论证,以确保责任计划的合理性和可操作性。

(2) 实施(DO)阶段——责任落实过程

社会责任任何层次的落实都至关重要,首先要建立企业社会责任的专门组织机构,协调企业内外各方的利益关系,并使其正规化、正常化、专门化;其次,将社会责任理念和推进融入企业的实际运营管理,切实推进对各利益相关者的社会责任的履行,实现社会责任与企业业务的无缝对接与全程优化;最后,将任务分解到部门和项目、落实到岗位和个人,构建起横向到边、纵向到底、人人有责的"责任网",并完善企业社会责任管理机制,真正使责任履行工作全面落实到位。

(3) 检查(CHECK)阶段——责任落实成效检查

一方面跟踪利益相关者的反馈,对照企业社会责任履行的目标,检查责任落实情况,这部分工作需要企业健全信息披露机制,使信息透明;另一方面健全企业内外社会责任监管机制和体系,完善企业社会责任履行的社会环境,通过社会公众等多方反馈,检查企业社会责任履行的落实成效,及时发现不足。

(4) 处理(ACTION)阶段——责任推进的总结完善

根据上一阶段的检查结果,总结成功的经验并固化形成企业社会责任标准;分析企业社会责任推进过程中存在的问题,挖掘原因,提出计划制订、落实及检查等方面的改进措施,结合当前企业发展现状,调整企业社会责任目标和计划,转到下一个"PDCA"循环中持续改进。

企业社会责任持续推进模式既适用于单个层次的责任推进和完善,也适用于整体社会责任的履行和优化,任何责任层次通过计划、实施、检查、处理四个环节的依次实施,保证企业社会责任履行的目标都朝着同一个方向,通过循环把企业社会责任履行的各项工作有机地联系起来,彼此协同,互相促进,自主地从稳定中求发展,在运作中持续提高。

3.4 供应链社会责任概念和内容界定

供应链是指在生产及流通过程中,涉及将产品或者服务提供给消费者的所有企业形成的网链结构。供应链管理与传统的个体企业管理相比,把所有企业看作一个整体,注重整体管理,在均衡整体成本和利益的基础上追求更高水平的客户服务。供应链社会责任管理就是通过供应链管理将企业社会责任延伸到供应链的整个网络,打造责任供应链。以往的研究虽有涉及供应链社会责任,但都没有给出明确的阐述。供应链社会责任同样包含经济责任、法律责任、道德责任和慈善责任等内容,只是其内涵有所扩展。供应链社会责任比企业社会责任涉及的范围更广、影响程度更深。

3.4.1 供应链社会责任的内涵分析

供应链社会责任是供应链在产品生产和流通中谋求整体利益的同时对利益相关者负有的经济责任、法律责任、道德责任和慈善责任的总称。它的范围由单个企业扩展到了一条供应链,包含上下游合作企业,如供应商、制造商、零售商、物流企业等合作伙伴,所以其责任内容也较单个企业的社会责任更广泛。

（1）供应链经济责任

供应链经济责任是指供应链盈利、满足消费需求的责任,主要包括两部分:一是所有节点企业盈利;二是产品或者服务能满足消费者需要,这是关乎供应链生存的基本责任。供应链经济责任除了普通企业应该负有为股东创造利润、完善公司治理、提供多样化的产品和服务、提供更多的就业机会、促进社会财富的增长、提高社会资源的利用效率等经济责任之外,还包括为供应链整体创造价值、为供应链其他节点企业创造利润、确保供应链上所有员工利益等经济责任。其核心是为供应链创造价值、为供应链节点企业的股东创造利润,为供应链的未来发展积累财力。

(2) 供应链法律责任

供应链法律责任是指供应链在为顾客提供产品和服务的过程中,在追求经济效益的同时所负有的维护和增进社会利益的强制性义务,既要遵守外部的强制性法律,又要遵守供应链内部的规章制度。供应链法律责任除包括个体企业应该负有的遵纪守法、依法经营、依法纳税、公平竞争、维护消费者权益、遵守政策法规和制度条例、平等招聘等法律责任之外,还包括遵守供应链内部的规章制度、用工平等、治理污染等责任,其核心是为供应链的守法经营和可持续发展打好根基。

(3) 供应链道德责任

供应链道德责任是在供应链运作及与上下游企业合作过程中自觉履行伦理准则和道德规范的责任,是保障供应链节点企业合作关系及供应链绩效的自律性责任,其履行水平决定了供应链合作关系的和谐程度和供应链运作的成效。供应链道德责任主要有:关爱上下游企业员工及其工作环境、遵守商业道德、诚实守信、信息透明、利益共享、保护环境、节约资源能源、持续发展等。

(4) 供应链慈善责任

供应链慈善责任是供应链及所有节点企业共同回馈社会、主动参与慈善和公益事业,获得客户和公众的高度认可,实现与社会和谐发展的责任,是最高层次的社会责任。供应链慈善责任与企业慈善责任一样具有自愿性和量力而为的特征,内容主要包括:慈善捐款、热衷公益事业、服务社区、支持公共设施建设、扶助弱势群体等。

3.4.2 供应链社会责任的特点分析

供应链是多个企业的集合体,本身具有复杂性、交叉性、动态性、面向顾客需求等特点,这就决定了供应链社会责任的复杂性。从供应链的构成上,供应链社会责任具有以下特点:

(1) 责任主体类型多样性

供应链一般由多个企业构成,企业类型可能是合资、独资、国有、私营、全民所有制、集体所有制、股份制、有限责任等等,不同类型企业的责任意识和履行水平往往不同,这增加了供应链社会责任管理的复杂性。

(2) 责任内容标准差异性

随着经济全球化的不断深化,一条供应链往往由来自多个国家或者分布在多个国家的节点企业构成,由于世界各地的法律法规、商业惯例、风俗习惯、道德规范等都有所不同,导致了供应链社会责任内容标准的差异性,这对供应链社会责任监管提出了挑战。

(3) 责任对象范围广泛性

供应链社会责任的对象是整个供应链的直接和间接利益相关者,相对供应链节点企业来说社会责任对象的范围由单个企业延伸到供应链上所有的节点企业。也就是说,供应链节点企业不仅要关注自己的利益相关者,还要关注上下游企业的利益相关者,如除了关注自身的产品质量和员工利益,还需要关注供应商等合作企业的产品质量和员工利益等。

(4) 责任绩效影响连带性

供应链上任何一个节点企业的行动都会影响到供应链的整体目标,任何一个环节出现问题都会波及整条供应链。供应链社会责任绩效关系到供应链整体竞争力及客户的认可度。任何节点企业的社会责任缺失都会对上下游企业及整条供应链产生连带甚至是毁灭性的影响,三鹿奶粉事件就是个典型的例子。当然,获得中国企业社会责任"金蜜蜂奖"和"中国最佳企业公民评选"的企业所在的供应链,往往会给企业带来正能量,帮助企业提升影响力和社会认可度。

3.4.3 供应链社会责任与企业社会责任的差异

供应链管理作为一种新型的管理模式,其社会责任除了具有以上特征外,与单个企业社会责任的差异在于以下几个方面:

(1) 供应链把所有节点企业看作一个整体,供应链社会责任涵盖从供应商到最终用户的采购、制造、分销、零售等职能领域,链中所有企业"一荣共荣,一损皆损"。

（2）供应链社会责任更加强调战略管理。社会责任管理水平关系着供应链节点企业之间的合作绩效，决定了整个供应链的成本和市场占有份额，是供应链战略的重要组成部分。

（3）供应链社会责任更加强调道德责任。供应链成立的基础是节点企业的合作，没有合作就谈不上供应链管理，而供应链节点企业在合作过程中切实履行诚实守信、信息透明、共享利益等这些道德责任决定了供应链合作关系的持久性。

（4）供应链社会责任具有更高的目标，通过管理企业和合作关系达到高水平的服务，进而实现与环境、社会的融合。

3.5 供应链社会责任问题研究

3.5.1 供应链社会责任问题提出

1. 忽视社会责任的经典事件

（1）三鹿奶粉"三聚氰胺"事件导致供应链断裂

2008年，很多食用三鹿集团生产的奶粉的婴儿被发现患有肾结石，随后在该奶粉中发现化工原料三聚氰胺。在对河北省三鹿集团的200份原料奶进行的三聚氰胺检测中，发现其中56个批次的奶品中含有三聚氰胺。三聚氰胺进入乳制品主要发生在原料奶的生产和收集环节。三鹿奶粉事件受害婴幼儿近30万人，严重损害了消费者利益。作为食品行业企业，保证食品安全毫无疑问是企业社会责任之首，责任不容推卸。站在枪口的三鹿，却不明智地摆出鸵鸟姿态，一再回避问题、推卸责任，导致三鹿集团迅速破产[1]。2008年12月26日，三鹿宣布破产，一个价值150亿元的品牌只因供应商原材料的"掺假"而随风消逝。事发当初，三鹿奶粉认为自己也是受害者，认为"奶农掺入三聚氰胺，与己无关"，赔偿应由掺假的不法奶农来承担，并宣称自己也承受了巨大损失。调查的逐步深入，彻底打破了"三

---

[1] 许正良，刘娜：《企业社会责任弹簧模型及其作用机理研究》，《中国工业经济》，2009年第11期。

鹿自己也是受害者"的说辞。三鹿婴儿奶粉早有"回收奶""下货架"的"前科",而持续无视供应商提供的原材料质量问题,把三鹿推到了舆论的风口浪尖,最终走向破产,导致三鹿奶粉供应链随之断裂,供应链节点企业损失严重。

(2) 耐克公司"血汗工厂"导致品牌严重受损

20世纪90年代,耐克公司在短时间内建立起了"美国设计、海外制造"的运营模式,成为跨国企业中一颗冉冉上升的"新星"。1996年,耐克公司因为在越南滥用劳工问题而成为"血汗工厂"的争论焦点,网络上大量曝光耐克公司在"第三世界"国家建立"血汗工厂"的丑闻,报纸、电视等传统媒体的迅速跟进,使耐克公司面临着前所未遇的舆论风暴。在刚刚传出"血汗工厂"事件时,耐克公司的管理层认为他们在东方国家的工厂强迫工人加班,并且不让工人在工作时间喝水等事实,主要发生在位于发展中国家的供应商企业中,不会对全球知名公司的声誉产生多少影响,更不会影响到他们的销量,所以耐克本部采用了"低调处理、消极回应"的传播策略,强调耐克只是采购商,无法对其他企业的行为负责,并以"国情不同"和"文化差异"来"撇清"自己与海外供应商之间的关系。然而事实却远远超出了他们的想象,许多关注耐克"血汗工厂"问题的志愿者组成了越南劳工监督组织,与耐克公司的管理人员进行接触,并就越南滥用劳工问题进行磋商,劳工组织对耐克公司"血汗工厂"的揭露,导致许多采用社会责任投资理念的共同基金不再投资于耐克的股票。耐克美国的员工开始担心自己在给一个非常不道德的公司打工,美国的消费者也开始上街游行,声称他们不只愿买便宜的鞋子,也会买贵的鞋子,让耐克品牌严重受损[①]。最终,耐克公司不得不重视供应商的员工工作条件和福利待遇,承诺要改善工作条件,要求外国供应商必须满足起码的工作条件和薪酬待遇,并安排了独立的审计人员对这些工厂进行检查,还终止了与那些不合格工厂的合约关系。尽管做出了这些努力,但耐克公司依然是受攻击的目标和争论的焦点。

2. 农产品质量安全监管典型案例(2020年)

近年来,各地农业农村部门组织农业综合行政执法机构按照"四个最

---

① 陈姗姗:《耐克"血汗工厂"风波凸显声誉管理价值》,《第一财经日报》,2005年8月29日。

严"要求,履职尽责,主动出击,围绕农兽药残留、非法添加、违禁使用和私屠滥宰等突出问题,加大执法查处力度,会同公检法机关严厉打击农产品质量安全领域违法违规行为[①]。

(1) 河北省行唐县农业农村局查处赵某在生姜种植过程中使用高毒农药案

2020年6月,行唐县农业农村局在农药监督检查过程中,发现姜农赵某正在使用已撕毁标签的农药浇灌生姜。执法人员现场检查并询问,赵某拒不说出所使用农药名称和进货来源。执法人员遂将其所用农药登记保存并送检。经检测,赵某所使用农药为高毒农药甲拌磷。行唐县农业农村局将案件移送公安机关查处。公安机关对赵某涉嫌犯罪行为予以刑事立案侦查,并对其采取了取保候审强制措施,并移送至检察院。

(2) 浙江省宁波市北仑区农业农村局查处周某在蔬菜种植中使用禁用农药案

2019年11月,宁波市北仑区农业农村局执法人员对位于北仑区白峰街道百丈村周某的蔬菜种植大棚进行日常巡查,并对其种植的大白菜和芹菜进行抽检,检出蔬菜生产上禁止使用的农药毒死蜱。2020年1月,该案移送公安机关查处。2020年6月,被告人周某因犯生产、销售有毒、有害食品罪,被判处有期徒刑六个月,缓刑一年,并处罚金人民币2000元,同时周某被禁止在缓刑考验期内从事食品生产、销售及相关活动。

(3) 天津市滨海新区农业农村委员会查处张某某养殖过程中非法添加违禁药物案

2019年10月,滨海新区农业农村委员会接到线索,对滨海新区新城镇养殖户张某某的养殖场进行调查,并现场随机抽取羊尿样送检,检测发现9份尿样中有7份检出违禁药物克伦特罗("瘦肉精")。为防止涉案活羊被转移替换,执法人员现场看守,对所有活羊进行耳标标记,随后对存栏的196头活羊及部分水槽饲养水等进行采样检测,发现44个尿样、1个水槽饲养水样品克伦特罗呈阳性。2019年12月,滨海新区农业农村委员会将案件移送公安机关查处。2020年7月,被告人张某某因犯生产、销售有毒、有害食品罪,被判处有期徒刑一年六个月,并处罚金人民币1万元,同时张某某被禁止自

---

① 龙新:《农业农村部公布农产品质量安全监管执法典型案例》,《农民日报》,2021年2月26日。

刑罚执行完毕之日起三年内从事肉类食品的生产、经营活动。

(4) 福建省三明市尤溪县农业农村局查处张某某屠宰注水牛、销售注水牛肉案

2018年底,三明市尤溪县农业农村局收到举报,在新阳镇有私宰注水牛现象。执法人员经摸查核实后,随即将线索移送公安部门,并于2018年11月配合公安部门一举捣毁该私宰注水牛窝点,当事人张某某被刑事拘留。经查明,张某某自2017年10月起在尤溪县新阳镇池田村池田坂18号路边搭建的屠宰场所私自屠宰活牛,为非法牟利,用水管插入牛体内注水增重后再行屠宰销售。至案发之日止,销售金额合计33.4万元。2020年5月,张某某因犯生产、销售伪劣产品罪,被判处有期徒刑二年六个月,并处罚金17.4万元。

(5) 山东省菏泽市农业农村局查处菏泽荣达甲鱼养殖有限公司在乌鳢养殖过程中未按照国家有关兽药安全使用规定使用兽药案

2020年7月,国家水产品质量监督检验中心对菏泽荣达甲鱼养殖有限公司养殖的乌鳢进行抽样检测,检出停用兽药氧氟沙星。菏泽市农业农村局迅速组织执法人员进行调查。经查,当事人养殖的乌鳢鱼苗购自济宁,但未向供货人索要发票及相关检验合格证书。2020年8月,菏泽市农业农村局根据《兽药管理条例》第六十二条、《山东省农业农村厅行政处罚裁量权执行标准》有关规定,责令当事人对养殖的3 000公斤乌鳢进行无害化处理,罚款人民币1万元。

(6) 辽宁省本溪市农业农村局查处于某在鳟鱼养殖过程中使用禁用化合物案

2019年8月,本溪市农业农村局根据农产品质量安全例行监测结果,对草河掌镇于某经营的鳟鱼养殖场开展监督抽查,检测发现其养殖场2~6号养鱼池中鳟鱼体内含有禁用化合物孔雀石绿。2019年9月,案件移送公安机关查处。被告人于某因犯销售有毒、有害食品罪,被判处有期徒刑八个月,缓刑一年,并处罚金人民币1万元,退缴的违法所得4060元依法没收,同时于某被禁止在缓刑考验期内从事食品生产、销售及相关活动。

3. 企业被迫关注供应链社会责任

以往企业习惯了把责任当作一种负担,尤其受法律责任事后性处理的

习惯做法的影响,企业在制订战略规划时没有对企业社会责任进行设计和规划,导致企业社会责任履行存在一定的盲目性和随意性,履行情况普遍不乐观。随着企业社会责任研究和实践的深入,越来越多的企业开始重视企业社会责任,一些企业逐渐意识到企业社会责任管理的重要性,如中华集团等,他们将企业社会责任视为企业基因的一部分,将社会责任融入战略管理,自上而下推进社会责任工作。越来越多的学者认为社会责任可以为企业带来不可复制的差异化资源、良好的关系资源和企业声誉,是企业的无形资产,企业应把社会责任作为企业的战略任务来对待。不少学者提出全面责任管理是一种全新的企业管理方式,是企业管理社会责任的战略性方法。从这个意义上来讲,供应链管理和企业社会责任管理都是全新的企业管理方式,都强调战略管理,同时又都以可持续发展为目标,两者的融合会给供应链及节点企业带来持续优化。

市场竞争的激烈及经济全球化分工改变了传统的企业单打独斗的竞争方式,转变为纷纷加入供应链,与其他企业合作。因此,当前的竞争已经转变为供应链与供应链的竞争,任何一个企业都时刻处在某条供应链中。"三聚氰胺""苏丹红""瘦肉精""染色馒头""血汗工厂"等事件充分说明,虽然问题主要都发生在上游供应商环节,但这些恶性事件却对整个供应链,尤其是其他节点企业以及这些企业的品牌都造成了巨大伤害。消费者普遍认为品牌企业有责任、有能力来管理整个供应链。因此,任何企业,尤其是知名企业,不仅要关注自身的社会责任,还必须要关注和控制供应链的社会责任。供应链社会责任也日益引起我国学术界和企业界的重视。

为了实现供应链的可持续发展,供应链无论在设计、构建和运营时都应该考虑社会责任。在选择合作伙伴时,尤其要考察合作企业的社会责任履行情况,这是供应链后续合作乃至可持续发展的关键。三鹿奶粉和耐克公司都是因为供应商社会责任缺失而招致横祸,如果要从他们自身找原因,那就是供应商选择不当或监管不力。这种结果和他们之间的合作机制,尤其是利益分配机制息息相关,制造商如果不考虑或者不履行对供应商的经济责任和道德责任,一味压低原材料购买成本,只会让他们之间的合作走向破裂。充分考虑企业社会责任因素进行合作伙伴选择和合作机制的构建是供应链可持续运营的前提和关键。

3.5.2 供应链社会责任缺失的外部性分析

近几年,国内诸如"三聚氰胺""瘦肉精"等一系列安全事件的发生,引起了国内学者对供应链社会责任研究的高度重视。缪朝炜、伍晓奕指出供应链节点全面践行社会责任,能促进客户服务、内部效能、经济效能等层面的供应链管理绩效提升[①]。

西方发达国家在企业社会责任实践上领先于中国,已形成了一套完整的促进机制。国内企业社会责任的履行情况并不乐观,近几年不断出现的矿难事故、食品安全、生态破坏、环境污染、虚假广告、拖欠工资、过劳死等事件,无不反映出我国企业社会责任意识的淡薄,以及企业公民基本的法律责任和道德良知的缺失。由于经济发展模式单一,我国企业长期以来过分关注经济利益指标,相当多的企业还专注于对第一、第二利润的挖掘:一是多途径降低原材料成本,寻求成本竞争优势,如打压供应商价格;二是多途径充分利用人力,降低人力成本,如变相延长员工工作时间。以上两种利润的挖掘空间都是有限度的,越来越多的企业为了获取短期最大经济利益,不惜以牺牲企业社会责任为代价,将产品成本通过各种方式转嫁到企业外部。黄群慧等对中国100强企业2008年的社会责任管理状况和信息披露水平进行了全方位研究,发现中国企业社会责任整体水平低下,发展指数平均仅为31.7分,1/5的企业刚刚"起步",2/5的企业仍在"旁观";中国企业责任管理落后于责任实践,在责任实践中市场责任领先于社会责任和环境责任[②]。

面对激烈的全球市场竞争和快速多变的市场需求,单个企业仅仅依靠自己内部资源的整合已难以应付,企业与企业之间必须强强联合、齐心协力共同满足客户需求,形成一条集采购、生产、销售于一体的供应链。但企业社会责任意识薄弱、利益相关者之间的信息不对称以及越演越烈的信任危机,加剧了供应链上的产品质量、环境、安全、劳工以及其他社会问题的凸显,同时,也导致了供应链节点企业间的关系恶化,致使悖逆选择和败德行

---

① 缪朝炜,伍晓奕:《基于企业社会责任的绿色供应链管理——评价体系与绩效检验》,《经济管理》,2009年第2期。
② 黄群慧,彭华岗,钟宏武,等:《中国100强企业社会责任发展状况评价》,《中国工业经济》,2009年第10期。

为频繁发生,造成了极大的负外部性,形成了恶性循环,严重危害供应链节点企业和顾客利益,制约了整个社会和生态环境的可持续发展。由于对企业社会责任及公众效益的忽视,企业目标过于狭隘,因而产生了污染生态环境、损害消费者利益、影响雇员安全和健康等一系列的负外部性。如何识别供应链发展过程中的负外部性,分析其产生的原因并采取措施使其内在化,促使企业自觉履行企业社会责任,对于企业及供应链的可持续发展至关重要。

1. 采购中企业社会责任缺失的负外部性分析

在采购过程中企业社会责任缺失的负外部性主要表现在对供应商的压价上。企业为了追求自身经济利益的最大化,获取低成本的原材料和商品,不顾供应商死活,一味地压低价格压榨供应商,甚至有时以取消合同来威胁供应商降价[①]。沃尔玛、宜家、京东商城、家乐福等都曾发生过压榨供应商的丑闻,制造商对压榨供应商的方法也已轻车熟路,比如"集中采购"。面对数额惊人的大订单和激烈的竞争,供应商为了获得更大更多的订单,被迫报以更低的价格,几轮下来,供应商的利润经常会被压榨至极限。同时,当供应商为了所谓的 VIP 客户的大订单忙碌的时候,往往地位会越来越卑微,甚至随时都有被零售商和制造商收购进行贴牌生产的可能。狭小的利润空间和卑微的地位使得供应商无暇顾及业务质量,导致交货不及时、质量不稳定,甚至不惜牺牲质量、以次充好来获取生存的空间,由此产生的负外部性更加缩小了利润空间,造成了制造商与供应商之间的敌对,同时损害了供应链上所有节点企业和消费者的利益,严重的甚至危及消费者生命与健康,如"三聚氰胺""地沟油""皮革奶"等事件。

2. 生产中企业社会责任缺失的负外部性分析

在生产过程中企业社会责任缺失的负外部性主要表现在两方面:一是由于社会法律责任和伦理责任的缺失,企业不能善待员工,无法保障员工利益;二是由于环境责任的缺失,企业生产过程中对周边环境产生了污染。

近几年,由于社会法律责任和伦理责任的缺失,企业不善待员工的事件

---

① 彭华岗:《中国企业社会责任信息披露理论与实证研究》,吉林大学博士学位论文,2009 年。

频繁发生,如富士康的"十连跳"、耐克的"血汗工厂"等事件。企业为了节约人力成本,无视《中华人民共和国劳动法》的规定,忽视员工身心健康和员工权益,严重损害员工及其家属的利益,其造成的负外部性已严重影响到社会资源及全球资源的合理配置,"中国制造"就是典型的例子。世界500强企业纷纷把自己的工厂设在中国,很大程度上就是想利用中国丰富廉价的劳动力资源以提高他们的竞争力和盈利水平。这严重影响了中国的就业和工作环境,造成了不平等的就业和竞争环境,使劳动者处于劣势,员工权益得不到保障,严重影响员工的身心健康,甚至导致员工猝死等。同时,企业在生产过程中排放了超过环境自净能力的污染物,严重污染了周边环境,其负外部性主要表现在政府治理污染的花费、自然资源的减少,以及污染物对人类健康造成的危害上。由于企业的环境责任的缺失,企业的环境污染成本被转嫁到政府或者普通百姓身上,如化工厂对附近水资源的污染、机器的运行噪声对周边居民休息的影响、花园式厂房对周围居民区居民的影响等等,使企业和周边社区关系恶化,严重影响了周边居民健康和企业的可持续发展。

3. 销售中企业社会责任缺失的负外部性分析

销售商为了把产品销售出去,常常不管顾客的喜好和需要与否,想尽办法将产品推销给顾客,有时不惜设置促销圈套,欺骗顾客,严重侵犯了消费者的权益,如花样促销、公益促销等。其负外部性主要表现在企业利用信息不对称,通过各种手段将过时的、质量欠缺的或华而不实的商品转嫁到其他企业或消费者身上,甚至不惜以损害消费者利益的悖逆选择和败德行为回笼资金,如此一来,加重了信任危机,严重影响了企业声誉和社会人文环境。

3.5.3 供应链社会责任内化分析

美国兰德公司对世界500家大公司进行了20年的跟踪,发现百年不衰的企业具有一个共同的特征,就是树立了超越利润的社会目标。我国企业必须着眼于未来,树立更高的客户目标和社会目标,改变追逐短期利益的做法,创新经济发展模式,主动承担起企业社会责任,才能保障企业的可持续发展。

1. 采购成本内在化分析

原料作为成本降低的第一源泉,决定了它在成本降低中的重要地位。原材料成本的降低不仅为企业增加利润,还会减少企业资金的占用,增强企业竞争力。但"压榨供应商""集中采购"虽可以获取一时的低廉成本,但由此产生的质量缺陷和库存积压,却会时刻影响企业的存活及可持续发展。供应商决定着原材料的成本、质量和交货期,优秀的供应商不仅可以减轻采购员的各种负担,降低原料成本,还能帮助制造商降低生产成本。供应商可以通过技术的引进或者流程的优化降低原材料成本,从而真正达到降低供应链整体成本、提高供应链竞争优势的目的。目前,领先的制造商逐渐意识到供应商关系管理的重要性,着手改变与供应商讨价还价的敌对关系,转变为双赢的合作关系,主动履行对供应商的社会责任,共同致力于产品成本的降低和品质的保证,沃尔玛与宝洁关系的转变、海尔供应商的优化皆是很好的例证。

2. 生产成本内在化分析

随着经济建设的快速发展,全球性的环境污染和生态破坏日益加剧,同时,资源和能源的短缺也制约着经济的发展。如果能对产品设计和生产过程采取提前预防的环境策略来控制产品及其生产过程对环境的影响,并通过改进生产工艺和加强管理等措施来消除污染,则比仅对污染进行末端治理更为有效。一方面,企业通过减少生产过程中废物流(固体废物、废水、废气)及污染物的负荷,可以节约大量的资源,直接降低生产成本,提高生产效率;另一方面,随着生产效率的提高,产品的产量和质量也会得到相应的提高,有利于提高市场竞争力。同时,企业采取的有效治理污水、处理废气以及加强原材料再利用等措施,也有利于企业良好外在形象和声誉的树立,能为企业带来长远利益。

3. 劳动力成本内在化分析

在当今这个快速发展的社会中,员工越来越成为企业的核心和灵魂,重视员工是企业可持续发展的必要条件。员工只有与企业同心同德,才会主动为企业发展献计献策,给企业带来强大的发展后劲,企业也将因此充满生机。企业需要认真履行对员工的社会责任,切实把企业的利益与员工的利益统一起来,把员工作为企业发展最为宝贵的资源,不断提高员工工资,改善员工工作和生活条件,努力构建和谐的劳动关系。好的员工福利政策可以激励员工,提升员工的凝聚力,从而提高企业的竞争力;也可以帮助企业吸引员工、留住优秀员工,提高企业在员工和其他企业心目中的形象。

4. 销售成本内在化分析

客户是企业利润的主要驱动力,也是企业的重要战略资源。客户与企业之间的关系是一种相互促进、互惠共赢的合作关系。企业加强客户管理,准确把握客户需求,不仅可以为客户提供定制化产品和服务,而且还可以实现按订单生产,彻底消灭库存积压和滞销产品,最大限度地降低企业经营风险,提高企业的竞争力;忠诚的客户可以给企业带来巨大贡献,帮助企业提高盈利能力;与优质客户合作,能提升企业的服务意识,提高企业的管理水平,完善企业的服务体系,最大限度地获取利润及市场占有率。

3.6 供应链社会责任分层界定及模型构建

3.6.1 供应链社会责任分层界定

1. 供应链社会责任内容的分层界定

前文中的分析显示:供应链与企业的不同之处在于它是企业的集合体,企业合作是供应链赖以生存的前提,所以供应链社会责任内容中,除了经济责任、法律责任是其根本之外,道德责任也是供应链节点企业合作的基础,其履行水平的高低决定了供应链合作关系的成败,是供应链的生存之本。所以,本书认为与企业社会责任内容的构成层次不同的是,经济责任、法律责任和道德责任是供应链社会责任最核心、最基础的层面,没有这个基石,供应链社会责任这个金字塔便只能是空中楼阁。

供应链节点企业的合作是建立在双赢的基础上,供应链的长远发展依赖于其节点企业的社会责任履行。供应链节点企业除了遵纪守法地为自己和合作伙伴创造利润之外,还必须诚实守信、遵守合同、杜绝各种败德行为、持续履行供应链经济责任、法律责任和道德责任,实现多方共生共赢。供应链上经济责任、法律责任和道德责任的可持续履行是慈善责任和供应链可持续发展的基础(如图3.9所示)。

图 3.9 供应链社会责任内容分层图

慈善责任是供应链高层次的责任,但其责任履行力度取决于供应链第一层的责任意识和承担力度。供应链应根据自身的经营管理实际选择性地从事社会公益事业,包括慈善捐款、支持公益事业、参与抗灾救灾、服务社区、支援公共设施建设等。

2. 供应链社会责任对象的分层界定

供应链存在的基础是企业间的合作,供应链在保质保量地满足顾客需求的过程中,必须为供应链节点企业以及他们之间的合作创造利润,并善待员工、保护环境,只有如此,确保利益相关者的利益,才能在激烈的市场竞争中存活并与合作伙伴和竞争者共生共赢。从这个意义上讲,供应链第一层次的责任对象包括企业社会责任的第一层次和第二层次的责任对象,即股东、员工、顾客、合作伙伴等,这些都是和供应链经营直接相关的利益相关者。其次,供应链还应回报社会,对非直接利益相关者负责,如社区、公众等,这应该是供应链第二层次的责任对象。供应链对他们更多的是负有慈善责任,如慈善捐款、服务社区、抗灾救灾、保护弱势群体等。保证了这一层次的责任,企业才可以真正融入社会,实现与环境和社会的可持续发展。因此,供应链社会责任对象主要分为两层,如图3.10所示。

图 3.10 供应链社会责任对象分层图

3. 供应链社会责任实施的分层界定

在供应链构建阶段,企业间的合作处在磨合期。此阶段合作企业需要共同努力,依法遵守相互之间的合作契约,达到双赢,这样才能有更长久合作的可能。为此,供应链节点企业除了依法经营,关注自身利润,履行对股东、员工、顾客的经济责任和法律责任之外,还需要给合作企业留出足够的利润空间,以及关注合作伙伴的股东及员工利益,并遵守相关的法律法规和供应链相关制度,关心和帮助合作伙伴,履行对合作伙伴和周边环境的社会责任,打造共赢的合作伙伴关系,与上下游企业精诚合作、互惠双赢,提升服务品质和企业形象,赢得顾客、合作伙伴和社会各界的信任和支持,以此提升供应链整体竞争力。从这个意义上讲,供应链在构建磨合阶段,需要履行对股东、员工、顾客、合作伙伴等直接利益相关者的经济责任、法律责任、道德责任,形成双赢发展。

当供应链进入协调发展阶段,为提高供应链影响力和品牌形象,与周边环境和社会和谐发展,需要关注周边社区、社会公众的利益,打造和谐的社会关系,力所能及地服务社区、支持公益事业,树立诚信、负责、奉献等积极向上的品牌形象,成为利益相关者纷纷拥护的和谐社会的一分子,实现供应链与社会和环境的可持续发展。从这个意义上讲,供应链在协调发展阶段,需要履行对周边社区、社会公众等非直接利益相关者的慈善责任,形成和谐发展。

3.6.2 供应链社会责任分层可持续模型及其特点

基于以上对供应链社会责任内容、责任对象和责任实施阶段的分析,本书充分考虑供应链发展规律及特点,融入可持续发展理念,构建了供应链社会责任的分层可持续模型,具体见图 3.11 所示。该模型融合了供应链管理、社会责任、合作关系以及供应链可持续发展的目标和理念,明确了供应链不同发展阶段社会责任内容、对象、分层实施路径和策略,为供应链社会责任的履行提供了一个系统而清晰的蓝图。

(1) 结合供应链发展生命周期,考虑了供应链各阶段履行责任的能力可行性,为供应链指明了不同发展阶段的社会责任的履行重点,明确了供应链

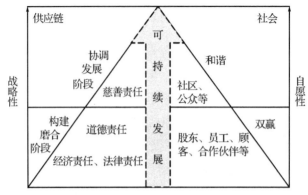

图 3.11　供应链社会责任分层可持续模型图

责任管理的核心,避免了供应链及节点企业履行社会责任的盲目性。

(2) 明确了供应链社会责任内容的分层,充分考虑了供应链起初构建及磨合阶段的特点,将经济责任、法律责任、道德责任设为供应链社会责任的根基,为供应链的可持续发展奠定了稳固基础。

(3) 明确了供应链利益相关者责任的分层,明确了供应链不同发展阶段责任对象的重点,有助于企业协调与利益相关者的关系,快速融入社会。

(4) 考虑了社会责任履行对供应链发展的作用,明确了供应链对不同责任对象履行不同社会责任内容的策略,为供应链的长远发展提供了一个社会责任履行蓝图。

3.7　本章小结

本章在总结企业社会责任的层次理论的基础上,结合可持续发展理念,针对企业社会责任的责任内容构成性、责任对象相关性、责任履行阶段性进行了分层界定,构建了企业社会责任分层可持续模型,最后探讨了基于PDCA的模型实施机理,为国内企业履行社会责任提供了清晰的思路和方法;在此基础上对供应链社会责任的责任内容构成性、责任对象相关性、责任履行阶段性进行了分层界定,构建了供应链社会责任分层可持续模型,为供应链推进社会责任提供了思路和方法,为后续的基于企业社会责任的供应链合作关系及利益分配研究提供了理论依据。

第四章 基于企业社会责任的供应链合作博弈研究

供应链是由多个节点企业组成的,包括为了满足客户需求,从产地农户到消费者,与供应商或者客户有直接或间接相互关系的所有企业和组织。所以,节点企业是所有供应链的基础,哪怕是资源贫乏的中小微企业和小农户,没有这些相关者的参与,供应链就没有存在的根基。在供应链社会责任的分层可持续模型中,供应链的基础责任除了追求自身利益之外,还必须切实履行对合作伙伴的经济责任、法律责任和道德责任。为此供应链主导企业必须先选择合适的合作伙伴,构建合作关系,切实打牢责任根基,才能维持长久的战略合作和安全稳定,实现共同发展和共同富裕。

4.1 共同富裕下供应链合作关系问题分析

近年来,因合作伙伴的恶劣行为导致供应链节点企业利益受损的事件频繁发生,严重滞后了共同富裕的实现。

4.1.1 供应链合作现状研究

随着经济全球化及国际化分工的不断深化,企业面临着严峻的生存和发展问题,单靠自己内部资源整合的单打独斗已难以取得竞争优势,为了能快速地应对市场需求、最大限度地利用社会资源,企业纷纷联合,改变了传统企业单打独斗的竞争形式,取而代之的是以合作和双赢为核心的供应链。当今的市场竞争已经演变成供应链与供应链之间的竞争。供应链管理的核心思想就是建立供应链节点企业间的战略合作伙伴关系,通过供应链上所有节点企业的同步协调运作,快速应对市场需求,提高整条供应链的核心能力,达到最大规模的利益和价值。合作关系是实现供应链协调运转的重要桥梁和纽带,供应链的发展依赖于所有成员的协同努力。供应链上任何一个企业的任何一个环节发生问题,都会引起连锁反应,给链上其他企业造成巨大损失;合作关系破裂更会导致供应链中商流、物流、资金流、信息流的失衡和断裂,给供应链及其节点企业带来巨大损失[1]。供应链要实现高效运作,首先要构建合理的利益分配机制,形成稳定、长久的合作关系,实现供应链的可持续发展。

从目前的实践来看,供应链合作关系的发展情况并不理想。研究发现,供应链节点企业之间合作企业收益比非合作企业高出近40%,但有40%~60%的企业合作以失败而告终[2][3]。由于供应链节点企业间缺乏足够的信任、利益分配不合理、冲突得不到及时沟通和解决、企业过分追求自身经济利益的最大化,导致企业社会责任意识薄弱,悖逆选择和败德行为、供应链上的产品质量、环境、安全、劳工以及其他问题频繁发生,引发了广大学者对企业社会责任及供应链社会责任的广泛关注。

企业社会责任缺失使供应链节点企业间的关系恶化,严重危害了供应链节点企业和顾客的利益,乃至整个社会的生态环境构建和可持续发展。如2008年的"三聚氰胺"事件,不法奶农的掺假严重损害了消费者利益,使中国整个乳制品行业的发展受到严重的威胁;2010年丰田汽车因为供应商产品缺陷不得不在全球召回存在油门踏板隐患和制动系统问题的850万辆汽车,陷入一场前所未有的危机;2011年苹果公司中国供应商的员工因工作环境恶劣并受到污染而致残,严重损害员工利益;2013年的"毒快递"事件,更是引起了人们对企业社会责任的高度重视;2018年以来频繁发生的国际贸易摩擦,严重影响了全国供应链布局和和谐贸易关系。越来越多的学者提出将可持续发展的理念融入企业发展及供应链管理之中,推动企业在追求自身利益的同时履行企业社会责任,以求达到经济效益、社会效益和环境效益的协调优化,从而最终实现经济与环境、社会的可持续发展。由此可见,结合企业社会责任研究供应链合作关系优化,对于促进经济、社会和环境的

---

[1] 孙宏英:《供应链合作伙伴关系的动态性研究》,沈阳工业大学硕士学位论文,2005年。

[2] 高昊,徐飞:《战略联盟高失败率的研究现状与展望》,《现代管理科学》,2009年第12期。

[3] 王洋,张子刚,郭志东,等:《企业联盟高失败率的原因剖析与对策》,《科技进步与对策》,2002年第11期。

可持续发展有重要的理论意义和实际价值。

4.1.2 供应链合作问题分析

市场需求的多样化和市场竞争的全球化迫使企业与企业强强联合、紧密合作，共同构建集采购、生产、销售于一体的供应链，快速满足客户需要。合作关系是供应链节点企业协作的重要桥梁和纽带。供应链上任何一个企业发生问题，都会引起连锁反应，给链上其他企业造成巨大损失；合作伙伴关系的意外中断更会导致供应链中物流、资金流、信息流的失衡，生产流程断裂，供应链节点企业都将因此遭受巨大损失。从目前世界范围内供应链管理的发展实践来看，企业合作情况并不乐观。现有研究表明，有60%的合作以失败告终。王洋等通过调研发现，供应链节点企业之间合作成功的企业收益比非合作企业高出近40%，企业联盟失败率高的原因主要包括对伙伴能力的判断失误以及联盟伙伴的投机行为等问题。在战略联盟未到期就终止的显著原因中，70%是由于合作伙伴关系恶化或者终止引发的。胡耀辉与刘一宁认为机会主义行为和收益分配不合理是导致企业技术联盟失败的主要原因，尤其指出引发冲突、导致不和谐、阻碍联盟持续发展的关键因素是潜在的机会主义[①]。宝贡敏指出供应链合作关系不稳定在很大程度上是因为供应链缺乏强有力的行政和经济控制手段，导致供应链节点企业为了追求自身利益容易背叛合作承诺，做出"变节"行为[②]。卓翔芝等研究发现，联盟中合作伙伴表现出来的合作意愿越大，联盟趋于稳定性的可能性就越大[③]。

综上所述，企业合作失败的原因主要有两个：一是合作伙伴选择不当，很大原因是对合作伙伴的信息获取不充分，这和企业信息披露习惯有关，企业有责任定期向社会披露企业相关真实信息，而非"报喜不报忧"；二是在合作过程中过分追求单方利益，无视其他企业利益而引起一系列不合作、不信

---

① 胡耀辉，刘一宁：《辨析企业技术创新联盟不和谐的关键原因》，《科技管理研究》，2006年第12期。
② 宝贡敏，赵卓嘉：《中国文化背景下的"关系"与组织管理》，《重庆大学学报（社会科学版）》，2008年第2期。
③ 卓翔芝，王旭，王振锋：《基于Volterra模型的供应链联盟伙伴企业合作竞争关系研究》，《管理工程学报》，2010年第1期。

任等问题,这是目前企业合作最普遍的现象,是企业缺乏对合作伙伴的经济、法律、道德等责任的履行所引起的(如图4.1所示)。细究发现,企业合作失败都是因为企业没有履行自己应当履行的社会责任而招致一系列恶性循环。2011年度《中国企业社会责任报告》显示,70%的企业社会责任严重缺失,中国企业整体社会责任发展指数偏低,其中,民营企业100强的社会责任发展指数平均分仅为13.3,约80%的民营百强企业还在旁观[①]。2020年以来,面对百年变局的影响,民营企业开始主动融入时代发展,承担了比以往更多、更重、更紧迫的社会责任,但企业社会责任整体意识还是相对薄弱,《中国企业社会责任缺失观察报告(2022)》显示,从企业社会责任缺失行为发生数量来看,私企最为突出,占比高达54%,体现出大多私企还停留在传统的经营模式,以利益最大化为最优先,社会责任意识不足,无视或忽略其他利益相关方的利益,从而造成企业社会责任缺失事件频发,产生不良社会影响。供应链上的产品质量、环境、安全、劳工以及其他社会问题不断发生,如"三聚氰胺""污染门""血汗工厂"等恶性事件,造成了极为恶劣的社会影响,严重危害了供应链中利益相关者利益,乃至整个社会的生态环境构建和可持续发展。由此可见,从企业社会责任视角出发,构建和打造和谐的供应链合作关系,督促供应链节点企业主动履行社会责任,真正实现精诚合作、互利共赢已迫在眉睫。

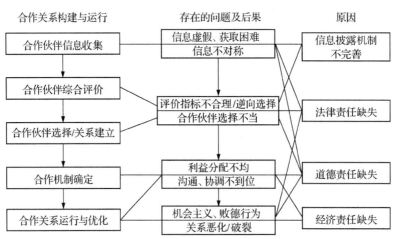

图4.1 企业合作关系构建及运行中存在的问题及原因

---

① 李芸,战炤磊:《论公共危机中的民营企业社会责任》,《南京社会科学》,2012年第12期。

4.2 企业社会责任履行水平的量化研究

以上大量的研究已经证明企业履行社会责任的重要性,在这里不再重复论述。对利益相关者来说,一个社会责任履行水平高的企业,就是一个有责任心、关切其他伙伴利益的可靠的合作者。切实了解一个企业社会责任履行水平,可以帮助企业及利益相关者做出科学合理的经营决策。为此,广大学者深入研究了企业社会责任评价,以期构建一套科学、合理的企业社会责任评价体系。本书主要研究当前状况下我国企业社会责任履行水平关键指标的量化,以期为供应链节点企业选择合作伙伴、优化合作关系提供参考。

4.2.1 企业社会责任评价研究现状

目前,企业社会责任评价研究主要集中在两个方面。一是评价指标体系的研究。国内学者主要从利益相关者的角度设计了评价指标[1][2];从企业社会责任的内容——经济、法律、道德和慈善四方面构建了评价体系[3][4];从责任绩效——经济效益、生态效益、社会效益等方面构建了评价框架[5][6]。金立印立足消费者的角度,开发了一组包含回馈社会、积极参与公益事业、保护消费者权益、保护自然环境、承担经济方面的责任五个维度的量化指标,并进行了实证检验[7]。二是评价方法的应用,主要有层次分析法[8]、模糊评价

---

[1] 马英华:《企业社会责任及其评价指标》,《财会通讯(学术版)》,2008年第8期。
[2] 黄知然:《企业社会责任评价体系及其机制研究》,《吉林工商学院学报》,2013年第1期。
[3] 叶陈刚,曹波:《企业社会责任评价体系的构建》,《财会月刊》,2008年第18期。
[4] 蔡月祥:《企业社会责任评价模型及标准研究》,《生态经济》,2011年第12期。
[5] 王艳丽,叶瑛:《循环经济模式下社会责任评价指标体系的构建》,《会计之友》,2011年第26期。
[6] 陈永丽,邹航:《基于环境价值链的企业绩效评价体系研究》,《经济体制改革》,2012年第2期。
[7] 金立印:《企业社会责任运动测评指标体系实证研究——消费者视角》,《中国工业经济》,2006年第6期。
[8] 赵全山:《浅议企业社会责任评价体系构建——基于层次分析法》,《中国总会计师》,2013年第7期。

法[1][2]、因子分析法[3]、数据包络分析法[4]等。综上所述,目前企业社会责任评价研究主要集中在静态和定性研究,这与企业社会责任的动态变化特点不相符,迫切需要对企业社会责任进行动态而定量的研究。

可拓评价方法是一种定性与定量相结合的评价方法[5],它是利用可拓学中的关联函数来评价事物[6],借助可拓评价方法可以定量分析企业社会责任履行的动态变化。本书结合可拓学中物元模型与关联函数理论,构建企业社会责任关键指标评价的物元模型,通过计算其综合关联度,找出定量的数值评定结果。得出的结果既可以显示出企业社会责任履行水平的高低,也可以说明企业社会责任履行水平的变化趋势,这对供应链管理者来说是客观而有效的决策依据。

4.2.2 企业社会责任履行水平的物元模型

根据物元分析理论,要对企业社会责任履行水平进行评价,首先要对企业社会责任的影响因素进行界定。然后,依据有关的统计数据或者专家评定,找出各影响因素的指标量值,建立企业社会责任履行水平的物元模型,如式(4.1)所示。

$$R = (N, F, X) = \begin{bmatrix} N, & F_1 & X_1 \\ & F_2 & X_2 \\ & \vdots & \vdots \\ & F_n & X_n \end{bmatrix} = \begin{bmatrix} 企业社会责任履行水平, & F_1 & X_1 \\ & F_2 & X_2 \\ & \vdots & \vdots \\ & F_n & X_n \end{bmatrix}$$

(4.1)

---

[1] 杨钧:《企业社会责任评价模型——基于中国中小企业的实证分析》,《未来与发展》,2010年第3期。

[2] 易凌,林建原:《企业社会责任测度指标的研究现状及其评价方法》,《中国软科学》,2010年第S2期。

[3] 王楠,苗迪:《SPSS因子分析在企业社会责任评价中的应用》,《价值工程》,2012年第3期。

[4] 张英奎,翟垒垒:《基于DEA的我国食品企业社会责任效率评析》,《华东经济管理》,2013年第2期。

[5] 杨莉,李南,李桥兴:《软件项目的可拓分析》,《计算机与应用化学》,2008年第5期。

[6] 蔡文:《物元模型及其应用》,北京:科学技术文献出版社,1994年。

式中，N 表示企业社会责任履行水平；$F_i, i=1,2,\cdots,n$ 表示企业社会责任履行水平的影响因素，以下称特征因子；$X_i, i=1,2,\cdots,n$ 分别为企业社会责任履行水平 N 关于特征因子 F_i 所确定的量值范围。

1. 经典域物元及待评物元确定

（1）经典域物元 R_j 的确定

$$R_j=(N,F,X)=\begin{bmatrix} N, & F_1 & X_1 \\ & F_2 & X_2 \\ & \vdots & \vdots \\ & F_n & X_n \end{bmatrix}=\begin{bmatrix} N, & F_1 & (a_1,b_1) \\ & F_2 & (a_2,b_2) \\ & \vdots & \vdots \\ & F_n & (a_n,b_n) \end{bmatrix} \quad (4.2)$$

式中，N 表示企业社会责任履行水平；$F_i, i=1,2,\cdots,n$ 表示影响企业社会责任履行水平的特征因子；$X_i, i=1,2,\cdots,n$ 分别为企业社会责任履行水平 N 关于特征因子 F_i 所确定的量值范围，即经典域 (a_i,b_i)。

（2）待评物元 R_0 的确定

$$R_0=(P_0,F,X)=\begin{bmatrix} P_0, & F_1 & x_1 \\ & F_2 & x_2 \\ & \vdots & \vdots \\ & F_n & x_n \end{bmatrix} \quad (4.3)$$

式中，P_0 表示待评企业社会责任履行水平；$F_i, i=1,2,\cdots,n$ 为 P_0 的特征因子；$x_i, i=1,2,\cdots,n$ 表示特征因子 F_i 的具体取值，是该企业的社会责任履行的实际水平。

2. 社会责任因素及其量值范围确定

本书综合了现有文献及2013年我国企业社会责任蓝皮书中的评选评估指标体系[①]，将利益相关者及责任内容进行结合，考虑到企业履行社会责任的层次性及外界对其他企业社会责任数据获取的难易程度和真实性，特提炼企业各层次社会责任关键的、具有代表性的、真实而且容易获得的指标（见表4.1所示），具体将企业社会责任关键责任分为：经济责任及法律责任，

---

① 黄群慧：《企业社会责任蓝皮书——中国企业社会责任研究报告》，北京：社会科学文献出版社，2013年。

记为 F_1；道德责任，记为 F_2；慈善责任，记为 F_3。每层责任又分为若干关键责任因素。

表 4.1 企业社会责任评价指标表

责任分类	责任对象	具体内容	关键性量化指标
经济责任及法律责任	股东	依法尊重股东权利，确保股东收益，提供经营和投资信息，确保其成长性、收益性、安全性等	股东权益收益率
	员工	提供有竞争力的薪酬和待遇，保护员工信息和隐私、尊重员工权利、确保安全的工作环境、定期培训、遵守国家劳动法规、带薪休假天数、员工满意度等	员工待遇福利水平
	客户	客户满意度、客户抱怨度、产品合格率、产品质量管理体系、客户关系管理制度、售后服务体系、客户信息保护等	客户抱怨率
道德责任	合作伙伴	平等交易、诚实守信、公平竞争、战略共享机制及平台、责任采购制度及方针、信用评估等级等	合作伙伴的响应速度
	环境	环保项目投入、环保产品投入、环境管理体系、环境应急机制、绿色采购、绿色办公、节能减排等	非生产环节的环保投入
慈善责任	社区	及时披露信息、规范化责任治理、员工本地化政策、采购本地化、支持社会建设、捐赠制度、志愿者政策、服务社区、支持公共设施建设、扶助弱势群体等	责任治理/信息披露指数
	公众	慈善捐款、热衷公益事业、公益基金等	捐款力度

(1) 经济责任及法律责任 F_1

企业经济责任及法律责任主要是指企业依法进行生产经营、确保股东和员工利益、满足消费需求、确保消费者权益的责任。根据利益相关者理论，现将经济责任及法律责任分为：企业对股东的责任，简称为股东责任 F_{11}；企业对员工的责任，简称为员工责任 F_{12}；企业对客户的责任，简称为客

户责任 F_{13}。

①股东责任 F_{11}

企业对股东的责任主要包括依法尊重股东权利、确保股东收益、提供经营和投资信息,如财务报表、企业社会责任报告等。考虑到企业对股东的责任更多的是经济责任,所以用股东权益收益率来反映企业对股东的责任水平。设企业税后利润为 P,企业净资产为 E,则股东权益收益率的计算公式为:

$$F_{11} = \frac{P}{E} \times 100\% \qquad (4.4)$$

从企业实际运营来看,经营稳健的公司,其股东权益收益率一般保持在 $10\% \sim 25\%$,可见股东责任一般居于某个中间值是最好的。因为太低不能保证股东利益;太高公司负债率太高,风险太大,或者把公司逼迫到只追求"当前利益最大化"的急功近利的境地,不利于公司的长远发展。

②员工责任 F_{12}

企业对员工的责任包括依法尊重员工权利、确保员工福利待遇、确保安全的工作环境、定期培训等。企业对员工负责的前提是留住员工,而员工跳槽的起因大多源于对工资福利的不满,所以,本书用企业员工平均工资福利水平与同行业平均工资福利水平的比值来衡量员工责任。设企业员工 i 的工资福利支出为 c_i,员工数为 n,同行业平均工资福利水平为 C,则该企业员工责任水平为:

$$F_{12} = \frac{\frac{1}{n}\sum_{i=1}^{n} c_i}{C} \qquad (4.5)$$

该指标值越高,说明该企业员工福利待遇越好,员工责任水平就越高。

③客户责任 F_{13}

企业对客户/消费者的责任包括依法提供客户/消费者需要的产品或服务、确保产品或服务的质量和安全、做好售后服务等。客户满意是企业负责任的根本表现,所以本书用客户抱怨率来反映客户责任水平。所有抱怨,就是包括客户所有形式的不满意,如投诉、抱怨、退货等等,它能直观地反映客户满意程度。本书用客户抱怨次数与总交易次数的百分比来表示客户责任。设固定周期内企业受到客户抱怨次数为 N_c,总交易次数为 N_b,则客户责任为:

$$F_{13} = \frac{N_c}{N_b} \times 100\% \qquad (4.6)$$

该指标值越高,说明客户越不满意,该企业客户责任水平越低;该指标值越低,说明客户越满意,该企业客户责任水平越高。

(2) 道德责任 F_2

道德责任是企业在生产经营活动中自觉履行平等交易、诚实守信等道德规范及节约资源、保护环境的责任。根据利益相关者理论,现将道德责任分为:企业对合作伙伴诚实守信、精诚合作的责任,简称为伙伴责任 F_{21};企业对周边环境保护和治理的责任,简称为环境责任 F_{22}。

①伙伴责任 F_{21}

企业对合作伙伴的责任主要包括平等交易、诚实守信、确保对方利润空间、全力合作、信息透明等。合作伙伴的态度及响应速度是其是否愿意合作、愿意在多大程度上合作的直观体现。所以,本书用企业在固定时间内完成上下游合作伙伴的平均指令个数与同行业所有企业在固定周期内完成的平均指令个数的比值表示伙伴责任。所谓响应速度是企业回应或者完成合作伙伴指令的速度。设同行业所有企业在 t 时间段内完成的平均指令数量为 Q,本企业在 t 时间段内完成的平均指令数量为 q_i,则该企业合作伙伴的响应速度为:

$$F_{21} = \frac{q_i}{Q} \qquad (4.7)$$

该指标值越高,说明企业响应速度越快,合作越紧密,伙伴责任水平就越高。

②环境责任 F_{22}

企业对环境的责任包括节约资源、保护环境、避免污染及治理环境等。因企业生产经营活动存在外部性效益,所以,本书用企业对环境投入占企业利润收入的百分比来反映企业的环境责任。为了对企业环境责任有个客观、持续的考虑,在此用年均投入占年税前利润的百分比来反映企业环境责任水平。设企业在第 i 年税前利润为 W_i,用于非生产环节的环保投入为 E_i,则 n 年内企业年均环境责任为:

$$F_{22} = \frac{\frac{1}{n}\sum_{i=1}^{n} E_i}{\frac{1}{n}\sum_{i=1}^{n} W_i} \times 100\% \qquad (4.8)$$

该指标值越大,说明企业对环境的投入越多,企业社会责任意识越强,但该指标值过高也会让企业负担太重。所以,从企业实际运营来看,大多数的企业环保投入占年税前利润的比例一般保持在 $1\%\sim20\%$,因为过低不能保障环境利益,过高会增加企业负担,不利于企业的持续发展。

(3) 慈善责任 F_3

慈善责任主要是指对社区和公众的责任治理、信息披露、慈善捐款、热衷公益、服务社区、支持公共设施建设、扶助弱势群体等。鉴于我国当前很多企业为达到宣传的目的,不顾基础责任缺失而盲目追求慈善责任的现状,在此用两个指标来反映企业慈善责任水平:一是公众责任 F_{31},即企业回报社会公众的捐款等投入;二是社区责任 F_{32},即企业发布社会责任报告的周期。在此需要说明的是西方发达国家的慈善捐款一般不作宣传,只是在年底的企业社会责任报告中说明。而国内正好相反,一般要做大量的媒体宣传,但却未必发布企业社会责任报告,因此国内企业的慈善捐款有一定的盲目性和功利性。为客观表达企业的社会责任水平,在此特设置社区责任 F_{32}。企业对社区的首要责任是及时披露信息,然后才可能进行责任规划和治理,并投资社区。如果企业能定期发布企业社会责任报告,就说明企业履行社会责任是有战略规划的,慈善投入反映的是企业的真实社会责任水平,否则就只能是盲目地追求短期利益的"昙花一现",慈善捐款再多都不能真实反映企业的责任水平。

① 公众责任 F_{31}

企业对社会公众的回报,主要包括慈善捐款、投资社区或公共设施建设等。为了对企业回报社会的公众责任有个持续的考虑,在此用年均投入数量占年税前利润的百分比来反映企业公众责任水平。设企业在第 i 年税前利润为 W_i,回报社会的投入为 S_i,则 n 年内年均公众责任为:

$$F_{31} = \frac{\frac{1}{n}\sum_{i=1}^{n}S_i}{\frac{1}{n}\sum_{i=1}^{n}W_i} \times 100\% \tag{4.9}$$

该指标值越大,说明企业对社会公众的投入越多,企业社会责任意识越强,但其值过高也会让企业负担太重。所以,从企业实际运营来看,大多数的企业环保投入占年税前利润的比例一般保持在 $0.1\%\sim6\%$,因为过低得不到社会公众的认可,过高会增加企业负担,不利于企业的持续发展。

② 社区责任 F_{32}

真正有责任感的企业会在战略规划和日常运营中体现社会责任管理理念,逐层履行企业社会责任。企业对周围社区负有信息透明的责任,尤其是法律和道德责任。企业社会责任报告是企业履行社会责任决心和行为的证明,也是企业与利益相关者沟通的一种方式,更是企业社会责任履行水平的体现。假设 n 年内企业发布了 x 次企业社会责任报告,则企业的规划责任为:

$$F_{32}=\frac{x}{n} \tag{4.10}$$

该指标值越大,说明企业对社会责任的重视程度越高,企业社会责任意识越强。现在世界500强的企业都定期发布企业社会责任报告,详细论述每一年社会责任的实施成效、不足和改进等。

4.2.3 企业社会责任的可拓评价

由于本书涉及各特征因子量不尽相同,且有的期望值越大越好,有的越小越好,有的则中间值最好,因而关联函数也不一样。

1. 企业社会责任因素的关联函数

(1) F_{12}、F_{21}、F_{32} 的关联函数

对企业社会责任因素 F_{12}、F_{21}、F_{32} 建立简单关联函数:

$$k_{ij}(x)=\frac{x-a_{ij}}{a_{ij}} \tag{4.11}$$

其中,当 $i=1$ 时 $j=2$;当 $i=2$ 时 $j=1$;当 $i=3$ 时 $j=2$。

(2) F_{11}、F_{22}、F_{31} 的关联函数

对社会责任因素 F_{11}、F_{22}、F_{31} 建立一般初等关联函数:

$$k_{ij}(x)=\frac{\rho(x,X_0)}{D(x,X_0,X)} \tag{4.12}$$

其中:

$$\rho(x,X_0)=\left|x-\frac{a_{ij}+b_{ij}}{2}\right|-\frac{b_{ij}-a_{ij}}{2} \tag{4.13}$$

$$\rho(x,X) = \left| x - \frac{c_{ij}+d_{ij}}{2} \right| - \frac{d_{ij}-c_{ij}}{2} \quad (4.14)$$

$$D(x,X_0,X) = \begin{cases} a_{ij}-b_{ij} & \rho(x,X)=\rho(x,X_0) \\ \rho(x,X)-\rho(x,X_0)+a_{ij}-b_{ij} & \rho(x,X)\neq\rho(x,X_0) \text{且} x\in X_0 \\ \rho(x,X)-\rho(x,X_0) & \rho(x,X)\neq\rho(x,X_0) \text{且} x\notin X_0 \end{cases}$$
$$(4.15)$$

$X_0 = \langle a_{ij}, b_{ij} \rangle$ 和 $X = \langle c_{ij}, d_{ij} \rangle$，当 $i=1$ 时 $j=1$；当 $i=2$ 时 $j=2$；当 $i=3$ 时 $j=1$。

(3) F_{13} 的关联函数

对社会责任因素 F_{13} 建立简单关联函数：

$$k_{13}(x) = \frac{a_{13}-x}{a_{13}} \quad (4.16)$$

2. 企业社会责任的综合关联度

确定了企业社会责任各因素的关联函数之后，还要讨论企业社会责任因素的权重，具体权重的设置方法可以根据自己的经验确定，也可以参阅文献等[1][2][3]。

假定社会责任因素 F_{ij} 的权重为 W_{ij}，满足当 $i=1,2,3$ 时, $j=1,2$；当 $i=3$ 时 $j=1,2$；$0 \leqslant W_{ij} < 1$ 和 $\Sigma_i \Sigma_j W_{ij}=1$。由此可以得出，企业社会责任的综合关联度如下：

$$K(x) = \sum_i \sum_j w_{ij} k_{ij}(x) \quad (4.17)$$

综合关联度 $K(x)$ 不但表示企业社会责任履行水平的高低，也体现企业社会责任履行水平转化趋势的强弱。当综合关联度 $K(x) > 0$ 时表示企业具备一定的企业社会责任履行水平，且数值越大责任水平越高；当 $K(x) < 0$ 时说明此企业社会责任履行欠缺，且数值越小责任水平也越低。

---

[1] 王中兴,李桥兴：《依据主、客观权重集成最终权重的一种方法》，《应用数学与计算数学学报》，2006 年第 1 期。

[2] 李桥兴,刘思峰：《一般位值公式及一般初等关联函数构造方法》，《系统工程》，2006 年第 6 期。

[3] 李桥兴,刘思峰：《基于关联度离差赋权的可拓方法》，《广东工业大学学报》，2007 年第 1 期。

4.2.4 案例分析

已知某企业A,它的各层次社会责任因素以及社会责任取值如表4.2所示。

表4.2 企业A社会责任履行水平量化表

项目	类别	因素	经典域	节域	值 x_{ij}
F	F_1	F_{11}	[0.1, 0.4]	[0, 1]	0.2
		F_{12}	[0.5, +∞]	[0, +∞]	0.4
		F_{13}	[0, 0.2]	[0, 1]	0.1
	F_2	F_{21}	[1, +∞]	[0, +∞]	0.9
		F_{22}	[0.01, 0.2]	[0, 1]	0.05
	F_3	F_{31}	[0.001, 0.06]	[0, 1]	0.01
		F_{32}	[0.8, 1]	[0, 1]	0.2

1. 数据计算

结合算式(4.1)至式(4.14),通过计算可以得到企业A各社会责任因素F_{ij}的关联度$k_{ij}(x_{ij})$,假定权重已知,通过算式(4.15)可得企业A的综合关联度$K(x)$,计算结果如表4.3所示。

表4.3 企业A企业社会责任履行水平的综合评价表

类别	因素	经典域	节域	x_{ij}	$k_{ij}(x_{ij})$	权重 w_{ij}	$w_{ij}k_{ij}(x_{ij})$	$K(x)$
F_1	F_{11}	[0.1, 0.4]	[0, 1]	0.2	0.25	0.2	0.05	
	F_{12}	[0.5, +∞]	[0, +∞]	0.4	−0.2	0.18	−0.036	
	F_{13}	[0, 0.2]	[0, 1]	0.1	0.5	0.22	0.11	0.079
F_2	F_{21}	[1, +∞]	[0, +∞]	0.9	−0.1	0.16	−0.016	
	F_{22}	[0.01, 0.2]	[0, 1]	0.05	0.2	0.14	0.028	
F_3	F_{31}	[0.001, 0.06]	[0, 1]	0.01	0.15	0.02	0.003	
	F_{32}	[0.8, 1]	[0, 1]	0.2	−0.75	0.08	−0.06	

2. 结果分析

根据表 4.3,企业 A 的综合关联度 $K(x)$ 为 0.079,可见企业 A 履行了一定的社会责任,但整体水平不高。究其原因,企业 A 缺失一些局部社会责任。因为 F_{11},F_{13},F_{22} 和 F_{31} 的依赖程度大于零,说明企业 A 对股东、顾客、环境及公众履行了相关的社会责任,那么后续对这些责任可以继续加强或者持续优化;而 F_{12}、F_{21}、F_{32} 的关联函数都是负的,这意味着企业这三方面的社会责任都有缺失,但是缺失程度不同,则后续责任治理的重点也会有所不同。根据表 4.3,企业 A 社会责任缺失最严重的是 F_{32},即社区责任缺失,对企业社会责任没有整体考虑,其履行具有一定的盲目性,从 F_{31} 是正的来看,其慈善责任履行难免存在功利性;其次是 F_{12},即员工责任缺失严重,员工福利待遇差,严重低于同行水平,有"血汗工厂"之嫌疑;最后是 F_{21},即对合作伙伴的社会责任履行水平低,说明企业 A 与合作伙伴的关系恶化,导致订货期过长,万一顾客需求发生大的波动,企业 A 将无法快速反应,甚至面临供应链断裂的风险。

综上所述,用可拓方法对企业社会责任进行评价既可以对企业社会责任进行量化分析,又有利于揭示企业社会责任履行的动态变化,为企业履行社会责任提供科学的决策。如通过以上对企业 A 社会责任履行的评价,可以得出企业 A 的后续社会责任管理重点:一是加强社会责任的战略规划,将其与企业日常运营结合在一起,定期发布企业社会责任报告。二是分层依次完善企业社会责任,首先是履行对员工的经济责任和法律责任,提高员工待遇,确保员工利益;其次履行对合作伙伴和员工的道德责任,如改善与合作伙伴的关系,发展战略合作伙伴关系,改善员工工作环境等。只有全面履行企业社会责任,才能得到利益相关者的认可,实现协调发展。

4.3 供应链合作伙伴选择的博弈模型及求解

供应链合作关系成功的关键因素是选择正确的合作伙伴。为分析企业社会责任履行水平与合作伙伴选择之间的实质关系和作用机理,本书针对新合作伙伴或者普通合作伙伴的博弈行为构建了供应链短期收益矩阵,针对战略合作伙伴和长期合作伙伴的博弈行为构建了长期收益矩阵,在此基础上进行普通合作伙伴选择和战略合作伙伴选择的博弈分析。

4.3.1　普通合作伙伴选择的博弈分析

主导企业无论选择普通合作伙伴、有影响力的合作伙伴、技术合作伙伴还是战略合作伙伴,在筛选合作企业、构建合作关系时,都期望合作伙伴能完全履行合作条款和企业社会责任,共同为供应链创造更多的效益。

假设在没有建立合作关系前,主导企业在合作企业履行和不履行社会责任的情况下收益分别是 V_{l1}、V_{l2},即使不合作,如果企业都能自觉地履行社会责任,将有助于提高产品质量和改善环境,会提高整个供应链乃至主导企业的收益,所以 $V_{l1} > V_{l2} > 0$。

对于主导企业来说,如果建立合作关系,合作企业履行社会责任会为主导企业带来一定增量的收益,记为 B_1,$B_1 > 0$;当合作企业不履行社会责任时,会给主导企业带来一定的损失,记为 L_1,$L_1 > 0$。

对于合作企业来说,如果履行社会责任,在合作与非合作情况下收益分别是 V_{c1}、V_{c2},鉴于企业合作收益一定大于非合作收益,所以 $V_{c1} > V_{c2} > 0$;如果不履行社会责任,当合作关系建立后,短期内合作企业会将社会责任转嫁给主导企业而逃避惩罚时其得到的好处记为 B_2,$B_2 > 0$;当主导企业不与其建立合作关系时,合作企业不履行社会责任会受到监管部门惩罚,记为 F_1,$F_1 > 0$,则双方短期博弈矩阵如表 4.4 所示。

表 4.4　供应链节点企业短期博弈收益矩阵表

主导企业		合作企业(普通合作伙伴)	
		履行社会责任	不履行社会责任
	合作	$V_{l1}+B_1, V_{c1}$	$V_{l2}-L_1, V_{c1}+B_2$
	不合作	V_{l1}, V_{c2}	$V_{l2}, V_{c2}-F_1$

用 p 代表主导企业建立合作关系的概率,q 代表合作企业履行社会责任的概率。给定 q,主导企业选择合作($p=1$)和不合作($p=0$)的期望收益分别是:

$$E_{ls}(1,q)=q(V_{l1}+B_1)+(1-q)(V_{l2}-L_1)$$
$$=qV_{l1}+qB_1+qL_1-qV_{l2}+V_{l2}-L_1 \quad (4.18)$$
$$E_{ls}(0,q)=qV_{l1}+(1-q)V_{l2}=qV_{l1}+V_{l2}-qV_{l2} \quad (4.19)$$

由 $E_{ls}(1,q)=E_{ls}(0,q)$，得到：

$$q^*=\frac{L_1}{B_1+L_1} \quad (4.20)$$

即：当合作企业履行社会责任的概率 $q>q^*$ 时，主导企业选择与合作企业合作；当 $q\leqslant q^*$ 时，则放弃合作。

结论 1：供应链主导企业在选择合作伙伴时，把企业社会责任的履行程度当作一个否决指标，达到其预期标准的将与其合作，未达到预期标准将不与其合作。

给定 p，普通合作企业选择履行企业社会责任（$q=1$）和不履行企业社会责任（$q=0$）的期望收益分别是：

$$E_{cs}(p,1)=pV_{c1}+(1-p)V_{c2}=pV_{c1}+V_{c2}-pV_{c2} \quad (4.21)$$
$$E_{cs}(p,0)=p(V_{c1}+B_2)+(1-p)(V_{c2}-F_1)$$
$$=pV_{c1}+pB_2+pF_1-pV_{c2}+V_{c2}-F_1 \quad (4.22)$$

由式 $E_{cs}(p,1)=E_{cs}(p,0)$，得到：

$$p^*=\frac{F_1}{B_2+F_1} \quad (4.23)$$

即：当主导企业选择合作的概率 $p>p^*$ 时，合作企业会选择履行企业社会责任；当主导企业选择合作的概率 $p\leqslant p^*$ 时，合作企业会选择不履行企业社会责任。

结论 2：合作企业在选择是否履行企业社会责任时，把供应链主导企业的合作意愿当作一个重要指标。没有达成合作事宜前，合作企业未必会履行社会责任；但合作关系一旦建立，合作企业会主动提高其企业社会责任的履行水平，保证供应链的有序运作，这与卓翔芝关于联盟稳定性的研究结论一致。

4.3.2　战略合作伙伴选择的博弈分析

战略合作伙伴是指基于高度信任，共享竞争优势和利益的长期性、战略性的合作伙伴关系，它能为合作各方带来更大的利益和深远的意义。构建战略合作伙伴关系是供应链管理的重点。供应链合作成效需要在合作关系建立后度过合作磨合期或者更长一段时间方能显现,因此供应链节点企业只有着眼于长期利益才能使合作关系维持久远,获取更大合作收益。如果主导企业与合作企业合作默契,他们会考虑长期合作,建立战略合作伙伴关系。

假定其他不变,在考虑长期利益时,在主导企业选择合作而合作企业不履行企业社会责任的情况下,双方都承担相应的利益损失,其中用 $L_2(L_2>0)$ 表示战略合作企业不履行企业社会责任给主导企业带来的利益损失或者是合作伙伴选择不当而付出的代价;$F_2(F_2>0)$ 表示战略合作企业因不履行企业社会责任必须承担的罚金,此时合作企业不仅要受到社会的惩罚,还要受到供应链的惩罚,因此 $F_2>F_1$;同时,如果合作企业在明知道不履行社会责任要面临着惩罚的情况下还选择不履行,显然肯定有利可图,所以 $B_2>F_2$。双方长期博弈矩阵如表 4.5 所示:

表 4.5 供应链节点企业长期博弈收益矩阵表

		合作企业(战略合作伙伴)	
		履行社会责任	不履行社会责任
主导企业	合作	$V_{l1}+B_1, V_{c1}$	$V_{l2}-L_1-L_2, V_{c1}+B_2-F_2$
	不合作	V_{l1}, V_{c2}	$V_{l2}, V_{c2}-F_1$

给定 q,主导企业选择合作($p=1$)和不合作($p=0$)的期望收益分别是:

$$E_{ll}(1,q)=q(V_{l1}+B_1)+(1-q)(V_{l2}-L_1-L_2) \quad (4.24)$$

$$E_{ll}(0,q)=qV_{l1}+(1-q)V_{l2} \quad (4.25)$$

由 $E_{ll}(1,q)=E_{ll}(0,q)$,得到:

$$q^{**}=\frac{L_1+L_2}{B_1+L_1+L_2} \quad (4.26)$$

即:当合作企业履行社会责任的概率 $q>q^{**}$ 时,主导企业选择与其建立长期战略合作关系;当 $q \leqslant q^{**}$ 时,主导企业则不会与其建立长期战略合作关系。

给定 p,战略合作企业选择履行社会责任($q=1$)和不履行社会责任($q=0$)的期望收益分别是:

$$E_{cl}(p,1) = pV_{c1} + (1-p)V_{c2} = pV_{c1} + V_{c2} - pV_{c2} \quad (4.27)$$

$$E_{cl}(p,0) = p[V_{c1} + B_2 - F_2] + (1-p)(V_{c2} - F_1) \quad (4.28)$$

由 $E_{cl}(p,1) = E_{cl}(p,0)$，得到：

$$p^{**} = \frac{F_1}{B_2 + F_1 - F_2} \quad (4.29)$$

即当主导企业与合作企业建立战略合作关系的概率大于 p^{**} 时，合作企业选择履行企业社会责任；当主导企业与合作企业建立战略合作关系的概率小于 p^{**} 时，合作企业不会履行企业社会责任。

4.4 企业社会责任履行水平与供应链合作伙伴选择的影响机理

4.4.1 企业社会责任履行水平对不同类型的合作伙伴选择的影响分析

根据式(4.20)和式(4.26)，供应链合作伙伴的选择以及合作关系的优化都与企业社会责任履行水平有关，尤其是不同类型的合作伙伴对企业社会责任履行水平的要求也不尽相同。

比较 q^* 和 q^{**}：

$$\begin{aligned} q^{**} - q^* &= \frac{L_1 + L_2}{B_1 + L_1 + L_2} - \frac{L_1}{B_1 + L_1} \\ &= \frac{B_1 L_1}{(B_1 + L_1 + L_2)(B_1 + L_1)} > 0 \end{aligned} \quad (4.30)$$

因为式(4.30)中 B_1、L_1 均大于零，所以 $q^{**} - q^* > 0$：

$$q^{**} > q^* \quad (4.31)$$

由此可以得出，当合作企业社会责任履行水平为 q^* 时，主导企业会选择与其建立普通合作关系，当其社会责任履行水平提高至 q^{**} 时，主导企业会将普通合作关系上升至战略合作关系，或直接与其建立战略合作关系。

结论3：供应链主导企业视合作企业社会责任履行水平不同，决定是否与其建立合作关系及合作关系类型。长期战略合作关系对企业社会责任履行水平的要求明显高于短期普通合作关系。

4.4.2 供应链主导企业合作意愿对企业社会责任履行水平的影响分析

根据式(4.23)和式(4.29),供应链合作企业在供应链合作伙伴关系中的定位不同,其社会责任履行水平有所不同。

比较 p^* 和 p^{**}:

$$p^{**} - p^* = \frac{F_1}{B_2 + F_1 - F_2} - \frac{F_1}{B_2 + F_1}$$
$$= \frac{F_1 F_2}{(B_2 + F_1 - F_2)(B_2 + F_1)} \tag{4.32}$$

式(4.32)中 B_1、B_2、F_1、F_2 均大于零,$B_2 > F_2$,所以:

$$p^{**} > p^* \tag{4.33}$$

由此可以得出,当主导企业合作意愿由 p^* 提高为 p^{**} 时,合作企业履行企业社会责任水平也由原来的 q^* 提高为 q^{**},其主动性大大提高了。

结论 4:供应链合作企业根据主导企业与其建立合作关系的意愿高低来决定是否履行社会责任以及其履行水平。供应链主导企业合作意愿越强,合作企业主动承担起社会责任的积极性越高。

以上博弈分析显示,供应链合作关系和企业社会责任相辅相成。企业社会责任履行水平越高,与其他企业合作的机会就越大;企业合作关系越好,企业履行社会责任的积极性越高。可见,供应链的发展会促使节点企业履行社会责任,社会环境将得到改善。

4.4.3 研究结论的启示

1. 对供应链主导企业的启示

供应链任何企业社会责任的缺失都可能会给供应链带来灾难性的后果,供应链主导企业无论在选择合作伙伴阶段还是在合作阶段都必须高度重视企业社会责任。

(1) 在收集潜在合作伙伴信息时就关注企业信息披露和社会责任履行情况,把消费者满意度、忠诚度、企业信誉等作为合作伙伴初选或综合评价的重要指标,防止"悖逆选择"的发生(结论1)。

(2) 从全球视野选择合作伙伴,提高供应链的入门门槛,选择重视社会责任履行和声誉的企业,并视其社会责任履行水平确定合作伙伴类型(结论3)。

(3) 将企业社会责任纳入合作协议,建立共赢合作机制,持续优化合作关系运行。供应链节点企业行为靠另一方监督的方法不可取,企业积极履行社会责任会促使供应链节点企业更积极地合作,唯有依靠供应链节点企业在合作过程中主动承担起社会责任,才能使合作关系维持得更长远,打造和谐的供应链合作关系,这是提高供应链服务水平、实现供应链的可持续发展的基本保障(结论2、结论4)。

2. 对供应链合作企业的启示

只有社会责任履行水平高的企业,才有资格加入更有竞争力的供应链,与供应链主导企业建立长期战略合作关系。

(1) 企业需要不断完善信息披露机制,将企业社会责任纳入企业日常管理和运营,不断提升企业社会责任履行水平,唯有如此才能加入更具竞争力的供应链,获取更大收益(结论1、结论3)。

(2) 无论与供应链主导企业是短期合作关系还是长期合作关系,合作企业都要着眼于长远利益,自觉主动地承担企业社会责任,坚决抵制投机取巧和败德行为,才能赢得更多合作机会(结论2、结论4)。

3. 对政府和行业组织的启示

企业社会责任履行水平不仅与供应链节点企业关系和顾客利益息息相关,还关系到整个社会和生态环境的可持续发展。

(1) 当企业社会责任履行水平普遍偏低的时候,政府和行业组织可采取一些激励措施,如大额度的奖励或者补贴,树立社会责任意识,营造企业社会责任履行氛围,鼓励企业主动承担企业社会责任,这有利于企业间乃至整个社会和谐关系的构建(结论1、结论2)。

(2) 随着企业社会责任履行水平的提高,政府和行业组织可适当减少激励措施,加大企业社会责任履行的奖惩力度,构建基于社会责任的企业考核体系,从根本上遏制社会责任缺失行为,督促企业着眼长远利益,主动履行社会责任,构建和谐的社会关系,实现经济、社会、环境的可持续发展(结论3、结论4)。

4.5 共同富裕下供应链合作关系优化

企业社会责任的缺失已严重影响到供应链的稳定和效率,为彻底避免或最大程度地弱化供应链合作中的逆向选择和败德行为,提高供应链的整体效率和竞争力,供应链龙头企业势必要主动承担起社会责任,关切所有成员的切身利益,打造和谐的合作关系,为供应链及节点企业创造价值,从而促进供应链的提质增效,加快实现共同富裕。"苏丹红""三聚氰胺"等事例和博弈分析显示,企业社会责任履行和供应链合作关系息息相关,如果龙头企业不履行社会责任将失去很多合作机会或恶化现有合作关系,并会为此付出巨大代价;如果企业社会责任履行得好将会改善现有合作关系,并给中小微企业和小农户带来更多的合作机会和收益,从而改善供应链流通效率和运营环境。

4.5.1 将企业社会责任贯穿于供应链合作关系管理全过程

企业社会责任履行水平不仅与供应链节点企业关系和顾客利益息息相关,还关系到整个社会和生态环境的可持续发展。供应链任何节点企业社会责任的缺失都可能会给供应链带来灾难性的后果,供应链主导企业必须高度重视企业社会责任,在选择合作伙伴之初就唤起企业责任意识,将企业的经济责任、法律责任、伦理责任和慈善责任贯穿于供应链合作关系构建、运行、优化等全过程(见图4.2所示),督促企业健全信息披露,承担起一个社会公民的责任,从全球视野选择合作伙伴,并建立共赢合作机制,提高整条供应链对社会责任的认识和履行社会责任的主动性,加强沟通交流,将有效监督落实在一举一动上,提高企业的诚信意识和环境保护意识,打造和谐的供应链合作关系。这是提高供应链服务水平,实现供应链的可持续发展的基本保障。

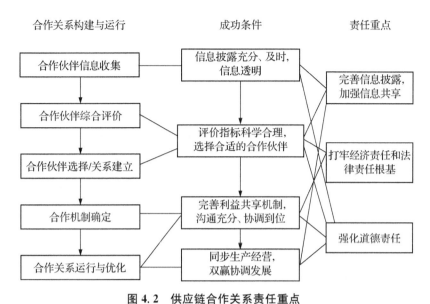

图 4.2 供应链合作关系责任重点

4.5.2 基于企业社会责任,完善供应链合作伙伴信息库

供应链合作伙伴选择是合作关系运行成败的关键,目前合作伙伴选择主要存在的问题是信息不对称而导致的逆向选择。在此阶段,充分收集合作伙伴信息是合作关系选择和建立的前提保障。目前供应链合作伙伴的选择中过分关注基于绩效指标的信息,加之合作伙伴初选之前收集的信息大多来自企业自身的宣传和信息披露,而企业信息披露倾向于"报喜不报忧",存在隐瞒、滞后处理等现象,尤其在经济全球化背景下,合作伙伴选择的地域跨度大,企业收集信息的时效性和质量存在更大挑战。因此,供应链节点企业应建立并完善基于企业社会责任的合作伙伴信息库。首先,无论是主导企业还是合作企业都应该将企业披露信息的数量、质量作为合作伙伴初选的重要参考指标。企业信息披露的数量和质量能够在一定程度上反映出企业的责任感和开放程度,因此从一个企业的信息披露机制可以看出此企业承担企业社会责任的态度,企业应主动完善自身信息披露机制,确保提供的信息真实、准确、完整,没有虚假记载、误导性陈述或重大遗漏。其次,将消费者满意度和忠诚度作为合作伙伴初选或综合评价的重要指标。客户需求是供应链运作的驱动源,企业应首先满足消费者需求,如此才能体现出其

存在的意义,并获得源源不断的发展动力。供应链中任何一个节点企业一旦发生损害消费者的行为,就会直接殃及整条供应链的价值和利益实现,因此重视消费者的满意度、发展忠诚客户是企业经营哲学的重心。最后,完善企业信誉机制,减少逆向选择行为的发生。企业信誉是企业质量、责任、文化和道德的综合外在表现,良好的信誉是企业履行社会责任的真实写照,可以提升企业价值,减少交易成本,是企业得以持续发展的平台。

4.5.3 构建基于企业社会责任和长期利益的合作关系

供应链合作关系建立阶段是合作关系运行的开始。供应链节点企业可以通过一对一的协商、谈判或是一对多的招标、拍卖等方式从全球筛选合作伙伴。基于企业社会责任的合作伙伴关系的建立阶段更多关注的是长期利益,而非短期利益的相互争夺,而合作企业承担社会责任会给供应链及其主导企业带来长期经济效益,因此,供应链主导企业应着眼于长期利益,构建基于企业社会责任的合作关系。首先,调研合作企业,只有当其具有企业社会责任意识、双赢意识和良好的声誉,才考虑与其建立合作关系;其次,视合作企业社会责任履行程度,决定与其建立短期或者长期合作,只有社会责任履行得好的企业,才有资格与供应链主导企业建立长期战略合作伙伴关系。不论是初建的协作关系还是短期协作关系,不论是供应链主导企业还是合作企业,如果起初合作默契,他们都愿意建立战略合作伙伴关系,而非把时间和精力花在新伙伴的选择和磨合上,所以根据博弈分析中的 $q^{**} > q^{*}$,也即供应链主导企业在选择战略合作伙伴时会比选择普通合作伙伴更看重企业履行社会责任的情况。在企业社会责任环境下,供应链合作关系的着眼点将趋于长期利益,这就相当于提高了供应链的入门门槛,只有长期重视社会责任履行和声誉的企业才有机会成为供应链合作伙伴,如此一来,就在很大程度上确保了供应链合作关系的可持续发展。

4.5.4 将企业社会责任纳入合作协议,优化合作关系运行

合作关系运行与优化阶段是合作关系实质性运行阶段,目前该阶段存在的问题主要是因道德责任缺失和诚信危机而导致的败德行为,即一些企

业过分追求自身利益,而损害合作伙伴利益。鉴于供应链本身的复杂性以及节点企业本身的动态性和地域性,供应链节点企业行为靠另一方监督的行为不可取,也不现实。根据博弈分析中的 $p^{**}>p^{*}$,也即企业积极履行社会责任会促使供应链节点企业更积极地合作,唯有依靠供应链节点企业在合作过程中主动承担起社会责任,才能使合作关系维持得更长远。因此,必须优化基于企业社会责任的合作关系运行体系,确保供应链合作关系和质量。合作伙伴关系的建立之初,应将重点放在可持续合作机制的协商上,并将企业社会责任纳入合作协议条款,确保双方自觉承担责任、沟通到位、保持高服务水平。良好的合作机制和关系会给双方带来更多的利益,即使是短期合作,只要企业自律并勇于承担企业社会责任,也会赢得更多合作机会,并发展成为战略合作伙伴。

4.6 本章小结

本章针对现实中由于供应链社会责任缺失引起的供应链合作关系问题,分析了企业履行社会责任对供应链合作关系的影响;在对企业社会责任履行水平量化研究的基础上,构建了供应链节点企业短期博弈和长期博弈收益矩阵,进行了普通合作伙伴和战略合作伙伴选择的博弈分析;通过对两者的比较,揭示了企业社会责任履行水平与供应链合作伙伴选择之间的实质关系。最后,分别从政府和行业组织、供应链主导企业、潜在合作企业角度探讨了研究结果给出的启示,为供应链合作伙伴选择、合作关系优化及企业社会责任推进的研究与实践提供了决策参考,也为后续供应链利益分配研究做好了铺垫。

第五章 基于企业社会责任的供应链利益分配模型构建与修正

从供应链社会责任的分层可持续模型来看,供应链在构建之初就必须切实履行对合作伙伴的经济责任、法律责任和道德责任。供应链节点企业对合作伙伴的经济责任主要是为对方留出足够的利润空间,或者让对方共享一定的收益,为此供应链必须构建公平合理的收益分配机制,协调利益相关者的关系,实现共赢。

5.1 共同富裕下供应链利益分配问题分析

供应链管理就是协调供应链所有资源来共同满足消费者需要,同时带动所有节点企业共同富裕。供应链节点企业都是微观经济组织,加入供应链的动力都是取得更大利益,因此,供应链节点企业之间的利益分配至关重要,它对供应链的稳定和整体绩效有着重要影响。利益分配是关系到供应链节点企业的合法权益能否得到保护,供应链能否长期、可持续发展的重要方面,为此,供应链管理的重点必须放在利益分配上。本书第二章对供应链利益分配研究进行了梳理,目前供应链利益分配的研究侧重于渠道结构和供应链节点企业间的博弈,且局限在供应链节点企业的经济利益上,缺少对供应链其他合作伙伴的利益的考虑。企业社会责任要求企业在追求自身利益的生产经营过程中,必须同时关注合作企业、消费者、环境及社会,为他们做贡献。供应链合作的最高境界是节点企业都能自觉履行社会责任,精诚合作,获取最大收益。企业社会责任的履行是供应链高效合作的基础,直接关系到供应链及节点企业的整体利益。企业社会责任履行水平可以从某种程度上反映出供应链节点企业的合作意愿和努力程度。从企业社会责任角度进行供应链利益分配,具有一定的合理性和激励性。

5.2 基于企业社会责任的供应链收益模型构建

5.2.1 企业社会责任履行水平的数学描述

供应链企业在追求自身利益的生产经营过程中,必须同时关切供应商、消费者、环境及社会,为他们做出贡献,实现与他们的协调发展。胡孝权和李培林认为,企业社会责任作为一个重要因素,影响企业可持续发展。鞠芳辉、谢子远和宝贡敏从消费者选择角度构建了一个分析框架,发现实施企业社会责任标准的同时辅以消费者补贴才能督促企业承担企业社会责任,而且消费者对责任产品的偏好可以起到促使企业改善社会责任绩效的效果。陶菁提出企业社会责任利益是企业社会责任价值的特定体现,基于供应链的最终产品或服务中所蕴含的信誉、信任及企业责任即为其具体内容,并指出需要改进供应链社会责任治理模式,提升企业社会责任传导效能[1]。近几年,因社会责任缺失而引发的"三聚氰胺""血汗工厂""捐款门""污染门"等一系列事件的发生,引起学界、商界和社会对企业社会责任的日益重视,也使得顾客更倾向于从负责任的企业购买产品。企业社会责任的内容包括对股东、员工、消费者等的经济责任,对利益相关者的法律责任,对合作伙伴、竞争同行以及周边环境等的道德责任,对社区、社会大众等的慈善责任[2]。本研究用 r 表示供应链社会责任整体履行水平($0 \leqslant r \leqslant 1$),$\theta$ 表示当前社会整体责任履行水平($0 \leqslant \theta \leqslant 1$)。设顾客满意度 $r(\theta)$ 公式为:

$$r(\theta) = \frac{r-\theta}{1-\theta} \tag{5.1}$$

$r(\theta)$ 取值在 $-1 \sim 1$。当 $r > \theta$ 时,顾客对产品或企业满意,购买量增加;当 $r = \theta$ 时,购买量保持不变;当 $r < \theta$ 时,顾客对产品或企业不满意,购买量减少。

---

[1] 陶菁:《全球供应链中的企业社会责任价值分配》,《开发研究》,2009 年第 4 期。
[2] Carroll A B: The pyramid of corporate social responsibility: Toward the moral management of organizational stakeholders, Business Horizons, 1991 年第 7 期。

5.2.2 供应链收益模型基本假定

为方便问题阐述和分析,本研究对模型作如下假设:

(1) 假定供应链经过简化,由一个供应商、一个制造商、一个经销商/零售商和若干顾客组成,如图 5.1 所示。

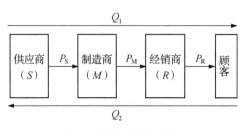

图 5.1　供应链简化模型

(2) 假定供应链节点企业愿意承担企业社会责任,至于各个节点企业社会责任履行水平由企业决策者根据实际情况决定。

(3) 假定供应链节点企业真正考虑顾客需求,负责回收报废产品(End of Life,EOL)投入再生产,一方面解决 EOL 产生的环境污染问题,另一方面获取其剩余价值。如此一来,供应链收益分成两部分,一部分是订货量 Q_1 带来的正向供应链收益,另一部分是回收量 Q_2 带来的逆向供应链收益。

(4) 假定供应链节点企业都是追求自身收益最大化的理性人。

(5) 假定供应链节点企业只与上下游相邻企业达成实质性合作关系。可能的合作关系类型如表 5.1 所示。

表 5.1　供应链合作关系类型表

合作类型	合作方式
[S,M,R]	S、M 与 R 相互独立,不合作
[(S,M),R]	S 与 M 达成合作,而 R 不合作
[S,(M,R)]	S 不合作,而 M 与 R 达成合作
[(S,M,R)]	S、M 与 R 都达成合作,齐心协力

5.2.3 供应链收益模型参数设置

设供应链上供应商、制造商、经销商的收益分别为 π_S、π_M、π_R，产品单位售价分别为 P_{S1}、P_{M1}、P_{R1}，产品单位成本分别为 C_{S1}、C_{M1}、C_{R1}。根据产品流通规律，$P_{S1}<P_{M1}<P_{R1}$，c 表示顾客对此供应链整体社会责任履行水平的敏感系数，则订货量 Q_1 与价格 P_{R1} 的关系为：

$$Q_1=(a-bP_{R1})[1+cr(\theta)] \tag{5.2}$$

式(5.2)中，a 为最大需求量，$a>0$；b 为顾客对产品的价格敏感系数，$b>0$。

供应链节点企业履行社会责任，回收部分产品，回收价格越高，顾客愿意提供的回收产品数量越多，回收量 Q_2 与价格 P_{R2} 的关系为：

$$Q_2=(d+eP_{R2})[1+cr(\theta)] \tag{5.3}$$

式(5.3)中，d 为顾客出于环保意识自愿返还的产品数量，$d>0$；e 为顾客对回收产品的价格敏感系数，$e>0$。供应商、制造商、经销商回收产品价格分别为 P_{S2}、P_{M2}、P_{R2}，回收产品单位成本是 C_{S2}、C_{M2}、C_{R2}。根据产品流通规律，$P_{S2}>P_{M2}>P_{R2}$，回收的产品本身价值为 V。

5.2.4 供应链收益模型构建及求解

根据企业实际运作，可得供应链各节点企业的收益函数分别是：

$$\pi_S=(a-bP_{R1})[1+cr(\theta)](P_{S1}-C_{S1}) \\ +(d+eP_{R2})[1+cr(\theta)](V-P_{S2}-C_{S2}) \tag{5.4}$$

$$\pi_M=(a-bP_{R1})[1+cr(\theta)](P_{M1}-P_{S1}-C_{M1}) \\ +(d+eP_{R2})[1+cr(\theta)](P_{S2}-P_{M2}-C_{M2}) \tag{5.5}$$

$$\pi_R=(a-bP_{R1})[1+cr(\theta)](P_{R1}-P_{M1}-C_{R1}) \\ +(d+eP_{R2})[1+cr(\theta)](P_{M2}-P_{R2}-C_{R2}) \tag{5.6}$$

(1) 对于 $[S,M,R]$ 情形，供应商、制造商、经销商分别以自身利益最大化为目标，依次取得收益最大化，因此其利益模型为：

$$\text{Max } \pi_S=(a-bP_{R1})[1+cr(\theta)](P_{S1}-C_{S1})+(d+eP_{R2})[1+cr(\theta)](V-P_{S2}-C_{S2})$$

$$\text{S. t.} \begin{cases} \max \pi_M = (a-bP_{R1})[1+cr(\theta)](P_{M1}-P_{S1}-C_{M1}) \\ \qquad\qquad +(d+eP_{R2})[1+cr(\theta)](P_{S2}-P_{M2}-C_{M2}) \\ \max \pi_R = (a-bP_{R1})[1+cr(\theta)](P_{R1}-P_{M1}-C_{R1}) \\ \qquad\qquad +(d+eP_{R2})[1+cr(\theta)](P_{M2}-P_{R2}-C_{R2}) \\ P_{R1}>P_{M1}>P_{S1}>0 \\ P_{S2}>P_{M2}>P_{R2}>0 \\ C_{S1}>0, C_{M1}>0, C_{R1}>0 \end{cases} \quad (5.7)$$

先使经销商利益最大化,然后分别对 P_{R1} 和 P_{R2} 求偏导,使其等于零,求得:

$$P_{R1} = \frac{1}{2b}(a+bP_{M1}+bC_{R1}) \quad (5.8)$$

$$P_{R2} = \frac{1}{2e}(eP_{M2}-eC_{R2}-b) \quad (5.9)$$

然后将之代入制造商利益模型,使其最大化,再分别对 P_{M1} 和 P_{M2} 求偏导,使其等于零,求得:

$$P_{M1} = \frac{a}{2b}+\frac{1}{2}P_{S1}+\frac{1}{2}C_{M1}-\frac{1}{2}C_{R1} \quad (5.10)$$

$$P_{M2} = \frac{1}{2}p_{S2}-\frac{1}{2}C_{M2}+\frac{1}{2}C_{R2}-\frac{d}{2e} \quad (5.11)$$

然后将之代入供应商利益模型,使其最大化,再分别对 P_{S1} 和 P_{S2} 求偏导,使其等于零,求得:

$$P_{S1} = \frac{a}{2b}-\frac{1}{2}C_{M1}-\frac{1}{2}C_{R1}+\frac{1}{2}C_{S1} \quad (5.12)$$

$$P_{S2} = \frac{V}{2}-\frac{d}{2e}+\frac{1}{2}C_{M2}+\frac{1}{2}C_{R2}-\frac{1}{2}C_{S2} \quad (5.13)$$

然后将 P_{S1} 和 P_{S2} 分别代入 P_{M1}、P_{M2}、P_{R1}、P_{R2} 求得:

$$P_{M1} = \frac{3a}{4b}+\frac{1}{4}C_{M1}-\frac{3}{4}C_{R1}+\frac{1}{4}C_{S1} \quad (5.14)$$

$$P_{M2} = \frac{V}{4}-\frac{3d}{4e}-\frac{1}{4}C_{M2}-\frac{1}{4}C_{S2}+\frac{3}{4}C_{R2} \quad (5.15)$$

$$P_{R1} = \frac{7a}{8b}+\frac{1}{8}C_{M1}+\frac{1}{8}C_{R1}+\frac{1}{8}C_{S1} \quad (5.16)$$

$$P_{R2} = \frac{V}{8}-\frac{7d}{8e}-\frac{1}{8}C_{M2}-\frac{1}{8}C_{S2}-\frac{1}{4}C_{R2} \quad (5.17)$$

第五章 基于企业社会责任的供应链利益分配模型构建与修正

则最优订货量如下：

$$Q_1^* = \frac{a}{8} - \frac{1}{8b}C_{M1} - \frac{1}{8b}C_{S1} - \frac{1}{8b}C_{R1} \tag{5.18}$$

$$Q_2^* = \frac{d}{8} + \frac{Ve}{8} - \frac{e}{8}C_{M1} - \frac{e}{8}C_{S1} - \frac{e}{8}C_{R1} \tag{5.19}$$

根据式(5.8)至式(5.15)，进而可求得各节点企业及供应链整体收益，分别如下：

$$\pi_S^1 = \frac{1}{16b}[1+cr(\theta)][a-b(C_{R1}+C_{M1}+C_{S1})]^2$$
$$+ \frac{1}{16e}[1+cr(\theta)][d+Ve-e(C_{R2}+C_{M2}+C_{S2})]^2 \tag{5.20}$$

$$\pi_M^1 = \frac{1}{32b}[1+cr(\theta)][a-b(C_{R1}+C_{M1}+C_{S1})]^2$$
$$+ \frac{1}{32e}[1+cr(\theta)][d+Ve-e(C_{R2}+C_{M2}+C_{S2})]^2 \tag{5.21}$$

$$\pi_R^1 = \frac{1}{64b}[1+cr(\theta)][a-b(C_{R1}+C_{M1}+C_{S1})]^2$$
$$+ \frac{1}{64e}[1+cr(\theta)][d+Ve-e(C_{R2}+C_{M2}+C_{S2})]^2 \tag{5.22}$$

$$\pi_{SC}^1 = \frac{7}{64b}[1+cr(\theta)][a-b(C_{R1}+C_{M1}+C_{S1})]^2$$
$$+ \frac{7}{64e}[1+cr(\theta)][d+Ve-e(C_{R2}+C_{M2}+C_{S2})]^2 \tag{5.23}$$

设

$$A = \frac{e[a-b(C_{R1}+C_{M1}+C_{S1})]^2[1+cr(\theta)]+b[d+Ve-e(C_{R2}+C_{M2}+C_{S2})]^2[1+cr(\theta)]}{be} \tag{5.24}$$

则 $\pi_S^1 = \frac{A}{16}, \pi_M^1 = \frac{A}{32}, \pi_R^1 = \frac{A}{64}, \pi_{SC}^1 = \frac{7A}{64}$

（2）对于 $[(S,M),R]$ 情形，经销商以自身利益最大化为目标，供应商和制造商合作，取得合作收益最大化，因此其收益模型为：

$$\text{Max } \pi_S + \pi_M = (a-bP_{R1})[1+cr(\theta)](P_{S1}-C_{S1})$$
$$+ (d+eP_{R2})[1+cr(\theta)](V-P_{S2}-C_{S2})$$
$$+ (a-bP_{R1})[1+cr(\theta)](P_{M1}-P_{S1}-C_{M1})$$
$$+ (d+eP_{R2})[1+cr(\theta)](P_{S2}-P_{M2}-C_{M2})$$

$$\begin{cases} \max \pi_R = (a-bP_{R1})[1+cr(\theta)](P_{R1}-P_{M1}-C_{R1}) \\ \qquad\qquad +(d+eP_{R2})[1+cr(\theta)](P_{M2}-P_{R2}-C_{R2}) \\ P_{R1}>P_{M1}>P_{S1}>0 \\ P_{S2}>P_{M2}>P_{R2}>0 \\ C_{S1}>0,C_{M1}>0,C_{R1}>0 \end{cases}$$

S.t. (5.25)

同理，经计算，得：$(\pi_S+\pi_M)^2=\dfrac{A}{8}$，$\pi_R^2=\dfrac{A}{16}$，$\pi_{SC}^2=\dfrac{3A}{16}$

(3) 对于 $[S,(M,R)]$ 情形，供应商以自身利益最大化为目标，经销商和制造商合作，取得合作收益最大化，因此其收益模型为：

$$\text{Max } \pi_S = (a-bP_{R1})[1+cr(\theta)](P_{S1}-C_{S1}) \\ \qquad\qquad +(d+eP_{R2})[1+cr(\theta)](V-P_{S2}-C_{S2})$$

S.t. $\begin{cases} \max \pi_M+\pi_R = (a-bP_{R1})[1+cr(\theta)](P_{M1}-P_{S1}-C_{M1}) \\ \qquad\qquad +(d+eP_{R2})[1+cr(\theta)](P_{S2}-P_{M2}-C_{M2}) \\ \qquad\qquad +(a-bP_{R1})[1+cr(\theta)](P_{R1}-P_{M1}-C_{R1}) \\ \qquad\qquad +(d+eP_{R2})[1+cr(\theta)](P_{M2}-P_{R2}-C_{R2}) \\ P_{R1}>P_{M1}>P_{S1}>0 \\ P_{S2}>P_{M2}>P_{R2}>0 \\ C_{S1}>0,C_{M1}>0,C_{R1}>0 \end{cases}$

(5.26)

同理，经计算，得：$\pi_S^3=\dfrac{A}{8}$，$(\pi_M+\pi_R)^3=\dfrac{A}{16}$，$\pi_{SC}^3=\dfrac{3A}{16}$

(4) 对于 $[(S,M,R)]$ 情形，供应商、制造商、经销商都以整体合作利益最大化为目标，因此其利益模型为：

$$\text{Max } \pi_S+\pi_M+\pi_S = (a-bP_{R1})[1+cr(\theta)](P_{S1}-C_{S1}) \\ \qquad\qquad +(d+eP_{R2})[1+cr(\theta)](V-P_{S2}-C_{S2}) \\ \qquad\qquad +(a-bP_{R1})[1+cr(\theta)](P_{M1}-P_{S1}-C_{M1}) \\ \qquad\qquad +(d+eP_{R2})[1+cr(\theta)](P_{S2}-P_{M2}-C_{M2}) \\ \qquad\qquad +(a-bP_{R1})[1+cr(\theta)](P_{R1}-P_{M1}-C_{R1}) \\ \qquad\qquad +(d+eP_{R2})[1+cr(\theta)](P_{M2}-P_{R2}-C_{R2})$$

S.t. $\begin{cases} P_{R1}>P_{M1}>P_{S1}>0 \\ P_{S2}>P_{M2}>P_{R2}>0 \\ C_{S1}>0,C_{M1}>0,C_{R1}>0 \end{cases}$

(5.27)

同理,经计算,得:$(\pi_S+\pi_M+\pi_R)^4=\pi_{SC}^4=\dfrac{A}{4}$

5.3 供应链利益分配的 Shapley 值模型与求解

供应链协调运作的关键是供应链节点企业相互之间的合作与协同。利益分配是供应链合作机制的重要组成部分,它的合理与否决定着供应链的运作成效。Shapley 值法反映了个体在集体中的重要程度,考虑了各伙伴企业对联盟整体所做的贡献,因此被广泛应用于多方合作的利益分配[1],许多学者对其合理性和有效性进行了充分的论证,在此不多说明。

5.3.1 供应链利益分配的 Shapley 值模型构建

Shapley value 是利用公理化方法得到合作博弈的唯一解,把供应链定义为供应链节点企业的集合,记为 N,$N=\{1,2,\cdots,n\}$。供应链节点企业间合作子集为 L,$L=\{1,2,\cdots,k\}$,L 为 N 的子集,L 中的节点签订合作协议,且履行合作协议,取得一定的合作效益。记 $V(L)$ 是合作 L 可以保证得到的最大在博弈 (N,V) 中应该得到的收益。在相关定义和公理的基础上[2],有如下定理:对任意的 n 成员合作博弈 (N,V),存在唯一的一个向量函数:

$$\varphi=(\varphi_1[V],\varphi_i[V],\cdots,\varphi_n[V]) \tag{5.28}$$

$$\varphi_i[V]=\sum_{L(i\in L)}\omega(|L|)[V(L)-V(L\setminus\{i\})] \tag{5.29}$$

$$\omega(|L|)=\dfrac{(n-|L|)!\ (|L|-1)!}{n!} \tag{5.30}$$

其中,$|L|$ 表示合作中所含成员个数,$V(L)$ 为包含企业 i 的合作子集 L 能保证得到的最大利益,$V(L\setminus\{i\})$ 是合作子集 L 中除去企业 i 后能保证得到的最大利益。

---

[1] 王岳峰,刘伟:《考虑权重的 Shapley 值法虚拟企业伙伴利益分配策略的改进》,《上海海事大学学报》,2005 年第 4 期。

[2] 胡盛强,张毕西,关迎莹:《基于 Shapley 值法的四级供应链利润分配》,《系统工程》,2009 年第 9 期。

5.3.2 供应链利益分配求解

根据 Shapley 值法,针对 $[(S,M,R)]$ 情形中的供应链利益进行分配,供应商、制造商、经销商分得的利益分别见表 5.2、表 5.3、表 5.4 所示。

表 5.2 供应商 (S) 分配 $\varphi_S(V)$ 的计算

L	S	(S,M)	(S,R)	(S,M,R)
$V(L)$	$\dfrac{A}{16}$	$\dfrac{A}{8}$	$\dfrac{A}{16}+\dfrac{A}{64}$	$\dfrac{A}{4}$
$V(L\backslash\{S\})$	0	$\dfrac{A}{32}$	$\dfrac{A}{64}$	$\dfrac{A}{16}$
$V(L)-V(L\backslash\{S\})$	$\dfrac{A}{16}$	$\dfrac{3A}{32}$	$\dfrac{A}{16}$	$\dfrac{3A}{16}$
$\lvert L\rvert$	1	2	2	3
$\omega(\lvert L\rvert)$	$\dfrac{1}{3}$	$\dfrac{1}{6}$	$\dfrac{1}{6}$	$\dfrac{1}{3}$
$\omega(\lvert L\rvert)[V(L)-V(L\backslash\{S\})]$	$\dfrac{A}{48}$	$\dfrac{A}{64}$	$\dfrac{A}{96}$	$\dfrac{A}{16}$

$$\varphi_S(V)=\frac{A}{48}+\frac{A}{64}+\frac{A}{96}+\frac{A}{16}=\frac{7A}{64} \tag{5.31}$$

表 5.3 制造商 (M) 分配 $\varphi_M(V)$ 的计算

L	M	(S,M)	(M,R)	(S,M,R)
$V(L)$	$\dfrac{A}{32}$	$\dfrac{A}{8}$	$\dfrac{A}{16}$	$\dfrac{A}{4}$
$V(L\backslash\{S\})$	0	$\dfrac{A}{16}$	$\dfrac{A}{64}$	$\dfrac{A}{16}+\dfrac{A}{64}$
$V(L)-V(L\backslash\{S\})$	$\dfrac{A}{32}$	$\dfrac{A}{16}$	$\dfrac{3A}{64}$	$\dfrac{11A}{64}$
L	1	2	2	3
$\omega(L)$	$\dfrac{1}{3}$	$\dfrac{1}{6}$	$\dfrac{1}{6}$	$\dfrac{1}{3}$
$\omega(L)[V(L)-V(L\backslash\{S\})]$	$\dfrac{A}{96}$	$\dfrac{A}{96}$	$\dfrac{A}{128}$	$\dfrac{11A}{192}$

根据表5.3计算的结果,可得制造商分配得到收益为:

$$\varphi_M(V) = \frac{A}{96} + \frac{A}{96} + \frac{A}{128} + \frac{11A}{192} = \frac{11A}{128} \tag{5.32}$$

表5.4 经销商(R)分配 $\varphi_R(V)$ 的计算

L	R	(S,R)	(M,R)	(S,M,R)
$V(L)$	$\dfrac{A}{64}$	$\dfrac{A}{16}+\dfrac{A}{64}$	$\dfrac{A}{16}$	$\dfrac{A}{4}$
$V(L\backslash\{S\})$	0	$\dfrac{A}{16}$	$\dfrac{A}{32}$	$\dfrac{A}{8}$
$V(L)-V(L\backslash\{S\})$	$\dfrac{A}{64}$	$\dfrac{A}{64}$	$\dfrac{A}{32}$	$\dfrac{A}{8}$
L	1	2	2	3
$\omega(L)$	$\dfrac{1}{3}$	$\dfrac{1}{6}$	$\dfrac{1}{6}$	$\dfrac{1}{3}$
$\omega(L)[V(L)-V(L\backslash\{S\})]$	$\dfrac{A}{192}$	$\dfrac{A}{384}$	$\dfrac{A}{192}$	$\dfrac{A}{24}$

根据表5.4计算的结果,可得经销商分配得到收益为:

$$\varphi_R(V) = \frac{A}{192} + \frac{A}{384} + \frac{A}{192} + \frac{A}{24} = \frac{7A}{128} \tag{5.33}$$

在供应链博弈(N,V)中,每个供应链节点企业合作所分得的利益都比各自为政的时候获得的利益多。

5.4 基于企业社会责任的收益分配修正模型构建与求解

基于企业社会责任的收益分配的目的就是督促供应链企业关切供应链成员利益,尤其是中小微企业和小农户等中小利益相关者群体,积极履行社会责任,达到"我为人人负责,人人为我负责"的境界,供应链上所有节点企业风雨同舟,精诚合作,共同打造起坚不可摧的安全供应链,推动共同富裕的实现。在利用Shapley值法对供应链合作收益的分配过程中,假定企业承担社会责任的义务是均等的,但在当前实际合作中,有些供应链企业为了追求自身收益最大化,忽视合作协议条款,不履行应尽的社会责任,甚至采取败德行为,将责任转嫁给其他企业,严重损害了其他节点企业和供应链整体收益。因此，根据企业社会责任履行水平进行收益分配将有助于构建和谐的供应链合作关系，打造责任供应链，促进供应链的可持续发展。鉴于此，为了得出更合理的分配方案，现结合企业社会责任实际履行水平对上述算法进行修正。

5.4.1 农产品供应链利益分配修正模型

假定供应链由 n 个节点企业构成，第 i 个节点企业在某个时间点上实际社会责任履行水平为 r_i，$0 \leqslant r_i \leqslant 1$。$r_i = 0$ 表示此企业没有任何责任意识，不履行任何责任，这类企业在供应链合作中很难有自己的一席之地；$r_i = 1$ 表示此企业责任意识强，完全履行企业社会责任，是供应链合作的理想目标。

供应链社会责任整体履行水平 r 取决于当前供应链各节点企业社会责任履行水平，为方便计算，用所有供应链节点企业的平均水平来表示，即：

$$r = \frac{1}{n} \sum_{i=1}^{n} r_i \tag{5.34}$$

用各企业社会责任履行水平与供应链社会责任整体履行水平的偏差 Δr_i 作为修正参数来调整收益分配，如下：

$$\Delta r_i = r_i - r \tag{5.35}$$

则 $\sum_{i=1}^{n} \Delta r_i = 1$。如果 $\Delta r_i > 0$，即 $r_i \geqslant r$，说明该企业社会责任履行水平高于供应链社会责任整体履行水平，应该分得更多收益；如果 $\Delta r_i < 0$，即 $r_i < r$，说明该企业社会责任履行程度低，应该扣除一定比例的收益；如果 $\Delta r_i = 0$，说明该企业社会责任履行水平与供应链社会责任整体履行水平持平，应得收益保持不变。

假定当前供应链各节点企业分配的收益为 $\pi(i)$，$i = 1, 2, 3, \cdots, n$，且 $\sum_{i=1}^{n} \pi(i) = \pi(sc)$，$\pi(sc)$ 为供应链整体收益。根据上述分析，调整后的各节点企业收益为：

$$\pi(i)^1 = \pi(i) + \Delta r_i \pi(sc) = \pi(i) + (r_i - r)\pi(sc) \tag{5.36}$$

5.4.2 算例分析

假定经过广泛调研分析，得知上述供应商、制造商、经销商的社会责任

实际履行水平为 $r_S=81\%, r_M=63\%, r_R=75\%$，则供应链社会责任整体履行水平为：

$$r=\frac{1}{n}\sum_{i=1}^{n}r_i=\frac{r_S+r_M+r_R}{3}=\frac{81\%+63\%+75\%}{3}=73\%$$

根据上述修正方案，修正后的供应商、制造商、经销商收益分别为：

$$\pi(S)^1=\frac{7A}{64}+\frac{A}{4}(81\%-73\%)=\frac{7A}{64}+\frac{A}{4}\times 8\%=\frac{207A}{1600}$$

$$\pi(M)^1=\frac{11A}{128}+\frac{A}{4}(63\%-73\%)=\frac{11A}{128}-\frac{A}{4}\times 10\%=\frac{39A}{640}$$

$$\pi(R)^1=\frac{7A}{128}+\frac{A}{4}(75\%-73\%)=\frac{7A}{128}+\frac{A}{4}\times 2\%=\frac{191A}{3200}$$

调整后的分配方案考虑了各节点企业社会责任履行水平，供应商因社会责任履行水平高于供应链整体水平，对供应链整体合作和社会责任贡献大，所以分配得到的收益更多；制造商因社会责任履行水平低于供应链整体水平，所以扣除了相应比例的收益；经销商社会责任履行水平刚好与供应链整体水平持平，所以维持原来的收益不变。

结论1：基于企业社会责任履行水平对供应链利益分配进行修正，使得社会责任履行水平高的企业收益增加，而履行水平低的企业收益减少。从供应链合作和双赢的本质来看，这种分配不但合理、公正，还有利于激励企业去持续提高社会责任履行水平，共同致力于供应链社会责任整体履行水平的提高，以获取更多消费者的支持，进而提高供应链整体收益。

5.5 企业社会责任履行水平与供应链收益的影响分析

5.5.1 研究结论

1. 企业社会责任履行水平与供应链整体收益的关系分析

已有文献已经论证了企业履行社会责任会提高企业收益和供应链绩效，但对企业社会责任履行水平与供应链整体收益的实质关系研究不多。为此，本书特根据上述供应链收益模型进行两者之间的关系分析。

将式(5.1)代入供应链节点企业都合作的收益结果中,可得出供应链整体收益模型,如式(5.37)所示。

$$\pi(SC) = \frac{A}{4} = \frac{A_1}{4}[1+cr(\theta)]$$
$$= \frac{A_1}{4}(1+c \times \frac{r-\theta}{1-\theta})$$
$$= \frac{A_1 c}{4(1-\theta)}r + \frac{A_1(1-\theta-c\theta)}{4(1-\theta)} \quad (5.37)$$

其中,

$$A_1 = \frac{[a-b(C_{R1}+C_{M1}+C_{S1})]^2}{b} + \frac{[d+Ve-e(C_{R2}+C_{M2}+C_{S2})]^2}{e} \quad (5.38)$$

为简化计算,假定 $c=1$,分析当前社会责任整体履行水平 θ 分别为 30%、50%、70% 的情况下,供应链整体收益 $\pi(SC)$ 与供应链社会责任履行水平 r 之间的关系,如图 5.2 所示。

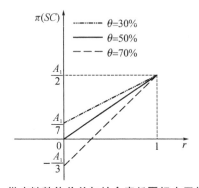

图 5.2 供应链整体收益与社会责任履行水平的关系图

当 $\theta=70\%$ 时,供应链整体收益如下:

$$\pi(SC) = \frac{A_1 c}{4(1-\theta)}r + \frac{A_1(1-\theta-c\theta)}{4(1-\theta)}$$
$$= \frac{5A_1}{6}r - \frac{1}{3}A_1 \quad (5.39)$$

当 $\theta=50\%$ 时,供应链整体收益如下:

$$\pi(SC) = \frac{A_1 c}{4(1-\theta)}r + \frac{A_1(1-\theta-c\theta)}{4(1-\theta)} = \frac{A_1}{2}r \quad (5.40)$$

当 $\theta=30\%$ 时,供应链整体收益如下:

$$\pi(SC) = \frac{A_1 c}{4(1-\theta)} r + \frac{A_1(1-\theta-c\theta)}{4(1-\theta)}$$

$$= \frac{5A_1}{14} r + \frac{1}{7} A_1 \tag{5.41}$$

图 5.2 反映了供应链整体收益与其社会责任整体履行水平的变化趋势。随着供应链社会责任履行水平的提高,供应链整体收益逐渐增大,其增大幅度与当前社会责任整体履行水平 θ 有关。

结论 2: 供应链整体收益 $\pi(SC)$ 与供应链社会责任整体履行水平 r 之间存在显著的线性正相关关系。供应链社会责任整体履行水平越高,对供应链整体收益的贡献度就越大。

结论 3: 供应链整体收益 $\pi(SC)$ 与当前社会责任整体履行水平 θ 有关。在其他条件不变的情况下,当前社会责任整体履行水平越高,供应链整体收益就越低;当前社会责任整体履行水平越低,供应链整体收益就越高。

结论 4: 不同阶段,当前社会责任整体履行水平 θ(即社会平均社会责任履行水平)对供应链整体收益 $\pi(SC)$ 影响程度有所不同。当供应链社会责任履行水平低时,当前社会责任整体履行水平 θ 对供应链整体收益 $\pi(SC)$ 影响大;而当供应链社会责任履行水平高时,当前社会责任整体履行水平 θ 对供应链整体收益 $\pi(SC)$ 影响小;而当供应链社会责任履行水平高达 100% 时,当前社会责任整体履行水平 θ 对供应链整体收益 $\pi(SC)$ 影响为 0。

2. 企业社会责任履行水平与供应链节点企业收益的关系分析

根据式(5.36)对供应链各节点企业收益分配进行修正,再将式(5.1)代入供应链各节点企业合作后的分配收益结果中,可得出供应链各节点企业各自的收益模型。

供应商的收益模型如式(5.42)所示。

$$\pi(S)^1 = \frac{7A}{64} + \frac{A}{4}(r_S - r)$$

$$= \left[\frac{7}{64} + \frac{1}{4}(r_S - r)\right][1 + cr(\theta)]A_1$$

$$= \left[\frac{7}{64} + \frac{1}{4}(r_S - r)\right]\left(1 + c\frac{r-\theta}{1-\theta}\right)A_1$$

$$= \frac{cA_1}{18(1-\theta)} r_S^2 + \frac{(96 - 96\theta - 96c\theta + 21c + 16cr_M + 16cr_R)A_1}{576(1-\theta)} r_S +$$

$$\frac{(21-16r_M-16r_R)(3-3\theta-3c\theta+cr_M+cr_R)A_1}{576(1-\theta)} \quad (5.42)$$

同理,可得出制造商分配收益模型,如式(5.43)所示。

$$\begin{aligned}
\pi(M)^1 &= \frac{11A}{128}+\frac{A}{4}(r_M-r) \\
&= \left[\frac{7}{128}+\frac{1}{4}(r_M-r)\right][1+cr(\theta)]A_1 \\
&= \left[\frac{11}{128}+\frac{1}{4}(r_M-r)\right]\left(1+c\frac{r-\theta}{1-\theta}\right)A_1 \\
&= \frac{cA_1}{18(1-\theta)}r_M^2+\frac{(192-192\theta-192c\theta+33c+32cr_S+32cr_R)A_1}{1152(1-\theta)}r_M+ \\
&\quad \frac{(33-32r_S-32r_R)(3-3\theta-3c\theta+cr_S+cr_R)A_1}{1152(1-\theta)}
\end{aligned} \quad (5.43)$$

同理,可得出经销商分配收益模型,如式(5.44)所示。

$$\begin{aligned}
\pi(R)1 &= \frac{7A}{128}+\frac{A}{4}(r_R-r) \\
&= \left[\frac{7}{128}+\frac{1}{4}(r_R-r)\right][1+cr(\theta)]A_1 \\
&= \left[\frac{7}{128}+\frac{1}{4}(r_R-r)\right]\left[1+c\frac{r-\theta}{1-\theta}\right]A_1 \\
&= \frac{cA_1}{18(1-\theta)}r_R^2+\frac{(192-192\theta-192c\theta+21c+32cr_M+32cr_S)A_1}{1152(1-\theta)}r_R+ \\
&\quad \frac{(21-32r_M-32r_S)(3-3\theta-3c\theta+cr_M+cr_S)A_1}{1152(1-\theta)}
\end{aligned} \quad (5.44)$$

根据式(5.42)、式(5.43)、式(5.44),可得出供应商、制造商、经销商三个节点企业收益函数是关于其企业社会责任履行水平的抛物线,具体如图5.3、图5.4、图5.5所示。

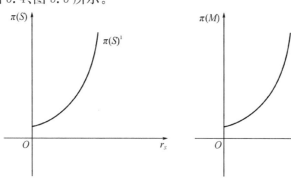

图 5.3　$\pi(S)$ 与 r_S 的关系图　　图 5.4　$\pi(M)$ 与 r_M 的关系图

第五章 基于企业社会责任的供应链利益分配模型构建与修正

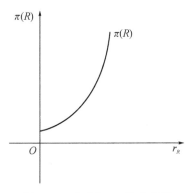

图 5.5 $\pi(R)$ 与 r_R 的关系图

图 5.3、图 5.4、图 5.5 反映了供应链节点企业收益随其自身企业社会责任履行水平变化的趋势。随着企业社会责任履行水平的提高，供应链节点企业的收益呈非线性增加，其增加幅度不仅与当前社会责任整体履行水平 θ 有关，还与供应链上其他节点企业的社会责任履行水平 r_i 有关。

结论 5：供应链节点企业收益 $\pi(i)$ 与其企业社会责任履行水平 r_i 呈非线性正相关，其增长轨迹呈抛物线上升。在供应链节点企业履行社会责任之初，社会责任履行水平对供应链节点企业收益有一定的影响，但不是很显著，随着供应链节点企业社会责任履行水平的提高，其对企业收益的贡献度越来越大。

结论 6：供应链节点企业收益 $\pi(i)$ 与供应链上其他节点企业社会责任履行水平有关，其他节点企业社会责任履行水平越高，对该节点企业收益的贡献度越大，反之亦然。

结论 7：供应链整体收益 $\pi(SC)$ 与供应链节点企业社会责任履行水平 r_i 呈正相关，r_i 的提高会给供应链带来收益的增加。

结论 8：不同阶段，当前社会责任整体履行水平 θ（即社会平均社会责任履行水平）对供应链节点企业收益 $\pi(i)$ 影响程度有所不同。当供应链社会责任履行水平不高的时候，当前社会责任整体履行水平 θ 对供应链节点企业收益 $\pi(i)$ 影响较大；而当供应链社会责任履行水平较高的时候，当前社会责任整体履行水平 θ 对供应链节点企业收益 $\pi(i)$ 影响小。

5.5.2 研究启示

1. 供应链核心企业

(1) 供应链主导企业应重视整条供应链社会责任,将企业社会责任延伸至整个供应链网络,并将责任管理融入管理和激励机制,努力提升供应链社会责任整体履行水平,以此来获取更多收益(结论2、结论3)。

(2) 供应链主导企业在合作伙伴的选取上,必须把企业社会责任履行水平作为一个重要的筛选指标,构建基于企业社会责任的评价体系,以吸纳社会责任履行水平更高的企业加入,以此来提高供应链竞争力,获取更多收益(结论2、结论7)。

(3) 供应链主导企业在合作利益分配上,必须把企业社会责任履行水平作为一个重要的分配指标,一方面构建更合理的分配方案,另一方面健全企业社会责任激励机制(结论1、结论2、结论7)。

2. 供应链其他节点企业

(1) 企业只有积极履行社会责任,培养忠诚客户,创造持久价值,才有机会与更强的企业达成合作关系,加入更具竞争力的供应链,取得更多收益,实现企业的可持续发展(结论5、结论7)。

(2) 供应链节点企业应该时刻重视社会责任,努力提高社会责任履行水平,使其高于所在供应链整体履行水平,才能立于不败之地(结论5)。

(3) 供应链节点企业收益还会受合作伙伴的社会责任履行水平影响,所以供应链节点企业应该把企业社会责任履行事宜纳入合作协议,在履行社会责任上与合作伙伴相互监督,共同进步,确保共同利益(结论7)。

3. 政府及行业组织

(1) 政府和行业组织应在企业履行社会责任之初,加大政策引导力度,树立社会责任履行榜样,多举行像"金蜜蜂企业社会责任·中国榜""企业社会责任100强排行榜"等活动,营造良好的社会责任履行环境,并制定与企业收益相关的激励机制,如税收优惠、奖励或补贴,以此来鼓励企业积极承担社会责任,主动编制并披露年度社会责任报告。当供应链社会责任履行水平低时,其收益受社会平均社会责任履行水平的影响大(结论4、结论8),这种影响容易导致一些急功近利的企业为追求短期利益投机取巧,采取"搭便车"的行为转嫁社会责任;而当供应链社会责任履行水平高时,其收益虽受社会平均社会责任履行水平的影响小(结论4、结论8),但这却是对企业履行社会责任的一种肯定,会激励企业和供应链加强履行社会责任的力度。

(2)随着企业社会责任履行水平的逐步提高,政府和行业组织可酌情降低政策引导力度,加大奖惩力度,尤其是惩罚力度,从根本上遏制"搭便车"的急功近利、投机取巧行为,推动企业自觉履行社会责任。因为当供应链社会责任履行水平高时,当前社会责任整体履行水平对供应链节点企业收益影响越来越小(结论3、结论4、结论8),此时靠政策引导已经难以起到实质性作用。

(3)政府和行业组织在企业的管理机制上,尤其在评价和考核机制上,将企业社会责任履行水平作为一个重要指标,融入企业日常运行中,一方面可以加快产品回收,解决资源短缺问题;另一方面可以激励企业自觉履行社会责任,以此构建企业间和谐的合作关系和经营环境(结论1、结论6、结论7)。

5.6 本章小结

本章针对现实供应链中存在的利益分配不均问题,纳入企业社会责任要素,构建了供应链四种合作情形的收益分配模型,并结合企业社会责任的履行水平进行了修正。基于该修正模型,分析并揭示了企业社会责任履行水平与供应链整体收益及节点企业收益的关系。研究显示,供应链整体收益与社会责任履行水平呈线性正相关,供应链节点企业收益与其社会责任履行水平呈非线性正相关。最后,分别从供应链核心企业、供应链节点企业、政府和行业组织角度探讨了研究结果给出的优化对策,为供应链企业共同富裕及企业社会责任推进的研究与实践提供了价值参考。

第六章 案例分析——"宝玛"供应链社会责任推进及利益分配优化启示

选取沃尔玛企业作为案例,是因为沃尔玛所处的零售业是典型的供应链主导型产业,而且是当前企业社会责任缺失的一个构成环节。沃尔玛从社会责任严重缺失到成为企业社会责任履行的典范,与其供应商——宝洁公司,二者从竞争关系到合作关系,从普通合作伙伴到战略合作伙伴,从你死我活的利益纷争到利益共享的过程正好演绎了企业社会责任履行及供应链合作关系优化的一种重大转变,对企业社会责任推进及供应链合作关系分析具有典型意义。

6.1 背景介绍——早期沃尔玛社会责任缺失

沃尔玛在美国被称为"穷人商店",这归功于它"天天低价"的经营风格。"天天低价"虽然给沃尔玛带来了众多的消费者和巨大的商机,但也曾让早期的沃尔玛跌进了道德沦丧的万丈深渊。早在沃尔玛发展初期,为了追求自身利益最大化和获得立足的筹码,沃尔玛无暇顾及企业社会责任,加之周围以你死我活的激烈竞争为主的市场环境,沃尔玛经常被曝出"压榨供应商""压榨员工""恶性竞争"的丑闻。沃尔玛为了保持"天天低价",在压缩各个环节成本的过程中被指责采取了很多败德行为,被控诉为导致夫妻店破产、大量人员失业、市中心死亡、恶性竞争等恶劣事件的罪魁祸首,这些在比尔·奎恩撰写的《沃尔玛是如何毁掉美国和整个世界的》一书中被披露得淋漓尽致,这些都是由沃尔玛企业社会责任缺失造成的[1],如表6.1所示。

---

[1] 奎恩著,孔雁译:《沃尔玛是如何毁掉美国和整个世界的》,沈阳:辽宁人民出版社,2003年。

表 6.1　1980 年前沃尔玛企业社会责任履行现状

责任种类	主要责任内容	责任履行状况	表现
经济责任及法律责任	股东责任	良好	股东权益收益率高
	员工责任	缺失	压榨员工
	顾客责任	良好	顾客抱怨率低
道德责任	伙伴责任	缺失	压榨供应商
	环境责任	缺失	市中心死亡、恶性竞争
慈善责任	捐款责任	缺失	几乎没有
	报告责任	缺失	没有责任计划

6.1.1　无底线的价格战

1962 年,山姆·沃尔顿开设了第一家沃尔玛折扣店。在此后 40 年的时间里,沃尔玛经历了快速扩张的阶段,成为世界第一大连锁店,其细密的店铺网络渗透到美国的每一个角落。沃尔玛快速扩张的过程中时刻充斥着"价格战"的紧张气氛。沃尔玛所到之处,当地的竞争对手就不得不面临一个痛苦的选择:要么跟沃尔玛打一场"你死我活"的价格肉搏战,看看谁的实力更强;要么忍痛割爱,拱手让出自己的份额。世界零售江湖中曾传言:"沃尔玛所到之处,五公里内寸草不生。"低价是沃尔玛一直以来横扫市场的有力武器,世界各地的经销商都饱受沃尔玛价格战的痛苦。

早期沃尔玛道德责任严重缺失,其快速扩张的秘诀就是打没有底线的价格战,毫不顾忌竞争者的死活。当初在美国,沃尔玛每到一个小镇落户,都宣扬自己方便顾客,价格低廉。为了打败小城镇的"夫妻店",沃尔玛总部要求经理们和各部分负责人"占有领地!统辖他们!"首先要研究对方销售的商品,甚至让工作人员假扮顾客去抄下对方价格;同时拼命打出"疯狂低价"的广告,赚足人气;然后启动"掠夺性定价",以绝对低于对手的价格出售,哪怕是亏本销售,直至对方破产。谨慎的当地实践主义者组织研究发现,沃尔玛的入驻会导致当地"市中心死亡",严重影响当地的经济。据拯救东奥罗拉历史联合会统计,一个新沃尔玛的入侵会剥夺主街商业区所有经销商 68% 的现有营业额,这足以使得很多竞争对手闻风丧胆。沃尔玛早期无底线的价格战虽赢得了大量的顾客,但其只关注自身利益,不关心竞争对手死活的做法招致很多人的反感,《沃尔玛是如何毁掉美国和整个世界的》更是把沃尔玛为了逃避企业社会责任而采取的种种恶劣手段展示得一览无余。

沃尔玛早期违背道德的恶性竞争彰显了沃尔玛对同行企业社会责任的整体缺失。

6.1.2 压榨供应商

降低资源消耗是企业的第一利润源泉。把价格从供货商那里压到最低是天下零售企业的共同准则。早期的沃尔玛把供应商视为竞争对手而不是合作伙伴,它采用强势的渠道策略,竭尽所能压低进货价格,"压榨供应商"。沃尔玛的采购经理经常和供货商讨价还价:"别把回扣算在里面,我们也不需要你们做广告或者送货,我们的卡车会直接到你们的商店取货,那么你们的最低价是多少?"[①]即使在与供应商合作的过程中,沃尔玛也会绞尽脑汁、想尽办法迫使供应商把价格降低到成本价甚至更低,榨取所有供应商的利润空间。比如:沃尔玛如果想控制哪个供应商,它会下大订单给他。通常情况下,能得到经销商的大订单似乎是大多数供应商的梦想,但殊不知供应商已经一步一步掉进了沃尔玛的陷阱。一方面,很多供应商面对沃尔玛的大订单,总是抱着"即使利润低一点,薄利多销回报也是相当可观,哪怕只是保本也要做"的思想,生怕这块"大肥肉"被别人抢去,纷纷主动降价,有的甚至尽可能将价格和利润降至最低点。另一方面,随着沃尔玛订购量的逐步加大,它要求供应商给予的好处也越来越多——低价格折扣,不平等的货运条件、退货条件,延长货款支付周期……如果供应商不同意,沃尔玛就直接终止与其合作。过于苛刻的条件导致双方关系急剧恶化,越来越多的供应商表示不愿意继续合作。

沃尔玛与宝洁公司的早期合作就是一个很好的例证,他们总是就商品价格和货架位置争夺控制权,冲突不断。当时沃尔玛只是把宝洁公司看成竞争对手,他认为,任何一个企业都必须接受他的价格政策,宝洁也不能例

---

① 赵文明:《沃尔玛:我们与众不同》,北京:中华工商联合出版社,2004年。

外。但沃尔玛要求的过低的销售价格触怒了宝洁,一来降低了宝洁产品的品牌形象,二来打破了宝洁一向的产品价格体系。宝洁公司作为全球最大的日化厂商,要求沃尔玛提高销售价格并将宝洁的产品摆放在位置更好的货架,但沃尔玛丝毫不屈服,甚至将宝洁产品摆在角落里威胁宝洁降价。双方就供货价格和货架位置等问题展开了长时间的激烈谈判和角力,沃尔玛一度宣布要停止宝洁的供货。那几年里,清退下架的威胁、停止供货的反击、口水战以及笔墨官司,两强的争斗进入白热化阶段,然而,这场冷战的最后并没有赢家,双方关系和利益都在交战中受到了重创。

沃尔玛早期对待供应商的行为彰显了沃尔玛对供应商等合作伙伴的社会责任的缺失,尤其是对合作伙伴的经济责任和道德责任的缺失。

6.1.3 压榨员工

降低人力资源成本是企业的"第二利润源泉"。早期沃尔玛在快速成长的巨大成功中,最关键的原则之一就是追求最低的商业成本。在沃尔玛眼里,员工只是"雇员"——纯粹赚取利润的工具。在成百个沃尔玛能够省钱的地方,员工的血汗无疑是它压榨的首选。最低的工资和最低的福利,这就是沃尔玛具有超级竞争力的方式。根据美国食品和商业工人联合会的调查,沃尔玛的工人每小时的平均工资比联合超市的工人低3美元,比其他超市的工人低2美元,而比零售业界每小时的平均工资低1美元。除此之外,沃尔玛还巧妙地钻了政府和法律的空子,当时的沃尔玛雇用了很多兼职人员,并把"全职"定义为每周工作满28小时以上,而当时美国全职的普遍标准是每周工作40小时以上,所以沃尔玛的大部分工人每周的工作时间都低于当地标准。这样,很多沃尔玛雇员可以得到政府粮票或其他的政府补贴,缓解了沃尔玛员工"低工资"带来的生活拮据。即使那些"全职"的沃尔玛员工也没有安全感,如果沃尔玛生意不太繁忙,"全职"员工就面临着被削减工作时间的危险。经理们被施加压力,员工的数量要和业务繁忙程度成正比。1993年,普莱兹伯格沃尔玛在圣诞节期间开业,到1994年1月底——距离开业仅仅一个月的时间,沃尔玛就解雇了30名新员工。沃尔玛在员工管理上还采取罚金的方式,这对那些工资很低又抱着希望的员工的生活可谓是雪上加霜。《华尔街周刊》的一篇调查表明,"沃尔玛把罚金重新分配给留下的计划参与者"。这就表明原本计划资助那些年轻的、低收入雇员的钱最后给了那些工作时间较长、收入较高的雇员。食品和商业工人联合会的调查表明,沃尔玛为其工人健康投保情况非常差。为了一直赚取人员利润,沃尔玛多次阻止工会建立。沃尔玛早期对待员工的行为彰显了沃尔玛对第一层次责任对象的企业社会责任的缺失,尤其是对员工的法律责任和道德责任的缺失。

综上所述,早期的沃尔玛致力于追求经济利润的最大化,企业社会责任意识薄弱,凭借着对股东、顾客的经济责任和法律责任基础,虽然在激烈的竞争中有了一席立足之地,但由于整体企业社会责任的严重缺失,其不断在声讨、谩骂声中遭受到沉重的打击。

6.2 沃尔玛社会责任分层可持续模型及推进

沃尔玛站稳脚跟后,重新塑造形象,协调各方关系,着手分层推进企业社会责任(如图 6.1 所示),采取了一系列措施,并取得了一系列的成效(如表 6.2 所示)。2010 年,沃尔玛(中国)投资有限公司荣获胡润研究院发布的"2010 胡润企业社会责任 50 强",并被列入"2010 最受尊敬的 CSR 项目"。沃尔玛中国网站披露的信息显示,自 1996 年进入中国以来,沃尔玛在中国范围内累计向各种慈善公益事业捐献了超过 7200 万元人民币的资金和物品,沃尔玛全国员工在社会公益事业方面投入累计 21 万多小时。如今沃尔玛多次被评为"中国绿色公司百强""中国企业社会责任优秀企业""信赖 100 品牌称号""爱心捐赠企业""企业社会责任 25 强""卓越雇主",塑造了沃尔玛的光

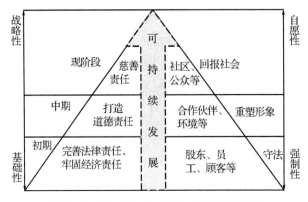

图 6.1 沃尔玛社会责任分层可持续模型

辉形象,获得了社会公众的一致认可。沃尔玛认为"责任感是激发公司做出各项行动的火花,它激励着我们加强环境管理、解决商业挑战、为顾客省钱,并加快我们与员工、供应商、社区一同成长的步伐。坚守公司价值观及最高的道德标准是公司文化的基石"。

表6.2 沃尔玛各阶段社会责任分层履行措施及成效

阶段	社会责任履行状况	履行措施	成效
现阶段	主动履行慈善责任	回馈社区、关注环境可持续发展、支持教育及救助灾区、关注妇女经济独立、关注营养与健康	赢得了社会各界的普遍认可,成为企业社会责任的履行典范
中期	履行对供应商等合作伙伴及环境的道德责任,打造形象	公平竞争、与供应商合作、主动帮助供应商、信息透明、保护环境、节约资源等	改善了与供应商的恶劣关系,赢得了供应商、政府等的认可,逐步提高声誉
初期	履行并完善对股东、员工等的经济责任和法律责任	支持建立工会、提高员工待遇、守法经营、依法纳税等	获得了股东和顾客的认可,改善了与员工的恶劣关系,积极平息丑闻,关注企业声誉
早期	无责任意识责任缺失	打价格战、压榨员工和供应商、钻法律空子、无视丑闻等	丑闻不断,社会声誉差

6.2.1 履行对股东、顾客等的经济和法律责任,构建与员工的和谐关系

沃尔玛自始至终都非常关注对股东、顾客应尽的基层责任,如经济责任、法律责任,这是沃尔玛得以立足的根基。沃尔玛靠牺牲供应商利益带来的低价格战略给自己留足了利润空间,一直以来对股东的回报率是非常可观的。特别是自从1972年沃尔玛的股票上市以来,其股票价格年均增长率高达27%。沃尔玛股票更是以惊人的回报率给其股东——沃尔顿家族带来了滚滚财源,2002年,沃尔顿家族仍然持有沃尔玛公司38%的股票份额,家族中的五人包揽了全球富豪榜的第六至十位,总资产1029亿美元,约为世界首富比尔·盖茨个人资产528亿美元的两倍,沃尔玛这五名持股人组成了名

副其实的全球最富家族①。2021年沃尔玛发布的报告显示,沃尔玛2021年营收达到了5728亿美元的规模。

沃尔玛一直贯彻着"顾客第一"的信念,"顾客是沃尔玛利润的源泉,是沃尔玛最大的老板"!并强调让顾客满意包含两个方面:一是硬件条件——足够多的品种,一流的商品质量,低廉的价格;二是软件条件——完善的服务,方便的购物时间,免费停车场以及舒适的购物环境。两者相辅相成、密不可分。沃尔玛始终坚持软件与硬件的统一,即服务与价格、品种的统一。如山姆要求每位采购人员在采购货品时态度坚决,为顾客争取到最好的价格,因此,沃尔玛的价格始终是最低的;而且沃尔玛商店的低价政策为当地小镇上的居民节约下数十亿美元的支出。为了顾客,山姆可以任何方式或是特殊方式,甚至是全美行业都绝无仅有的方式,为公司服务,为股东服务,为顾客服务。他的"一站式购物""露出八颗牙齿的微笑""十英尺的态度""日落原则"等规则都是履行对顾客的责任的真实写照。

在走向正轨之后,沃尔玛意识到其员工管理存在的问题,也开始逐步改善员工的福利待遇和工作环境。沃尔玛在快速发展中,由于过分挖掘第二利润——人力资源利润而引发了一些不良后果,比如员工工作不积极、消极怠工甚至罢工等等,这让沃尔玛高层开始意识到精诚合作的团队精神是企业成功的重要保证,于是开始重视并履行对员工的相关责任。

沃尔玛摒弃了把员工当作"雇员""赚钱工具"的想法,而视员工为"合伙人"和"同事"。沃尔玛提出"沃尔玛没有雇员,只有同事和合伙人",开始着手并持续改进员工待遇和工作环境。沃尔玛同事之间虽分工明确,但没有上下级之分,营造了一种上下平等的气氛,每个人都直呼其名,平等沟通。领导和员工及顾客之间呈倒金字塔的关系(如图6.2所示),顾客放在首位(最高层),员工居中(中间层),领导则置于底层。员工为顾客服务,提供支持、推进相关事宜;领导则为员工服务,提供支持、推进相关事宜。"接触顾客的是第一线的员工,而不是坐在办公室里的官僚"。员工是直接与顾客接触的人,他们的工作质量关系到顾客对整个沃尔玛的满意度。沃尔玛领导的工作就是服务于员工,让员工更好地服务于顾客。沃尔玛改变了以前一线员工卑微的地位,每个员工和上司一样平等而且重要,从而激励员工全心

---

① 雷雨,陈青松:《中间商杀手:全球第一企业沃尔玛解读》,北京:中国时代经济出版社,2004年。

全意地投入工作,为公司和自己谋求更大利益。沃尔玛规定管理者必须尊重、亲切对待下属,不能靠恐吓和训斥,甚至是以前的罚款来领导员工。

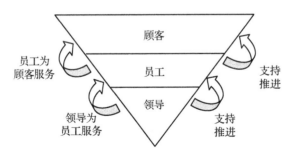

图 6.2　沃尔玛员工管理的倒金字塔

所谓"合伙人",主要体现在沃尔玛对员工的激励上。早在 1971 年,沃尔玛就出台了利润分享计划和员工购股计划。沃尔玛对员工采用了近似今天的"股权激励"的方案,规定每年工作时间满 1000 个小时的员工都有资格分享公司利润。按照工作时间每周 28 小时计算,员工每年工作满 36 周就能达到要求;如果按照工作时间每周 40 小时计算,员工每年工作满 25 周就能达到要求,可见沃尔玛的正式员工几乎都有分享利润的资格。现在,沃尔玛大多数员工都借由这两个计划拥有了沃尔玛公司的股票[①]。此外,沃尔玛还出台了损耗奖励计划,鼓励门店有效控制损耗,使沃尔玛的损耗率降至同行业平均水平的一半。确保员工收入后,沃尔玛持续对员工管理策略进行完善,摒弃原有不合理的做法,如员工有失误,不再采取罚金,而是要求员工利用业余时间与管理者沟通;重视员工职业生涯规划;注重员工培训并逐步增加投入等。沃尔玛还出台了"门户开放,鼓励员工参与管理"等策略,避免了个人报复和官僚主义。沃尔玛规定任何员工都可以随时随地直接与管理人员乃至总裁进行沟通,提出自己的关注和见解。公司会积极考虑并采纳员工提出的可行的建议。沃尔玛还规定任何借门户开放政策实施打击、报复行为的管理层人员,都会受到纪律处分甚至被解雇。沃尔玛通过对员工责任的履行及完善,打造了一个致力于提高顾客服务水平的精诚合作的团队,维持其利润空间,确保了对股东利益的保障,为沃尔玛的良性发展奠定了基础。

---

① 贾尔斯著,康贻祥译:《沃尔玛连锁经营:公司成长的伟大学问》,哈尔滨:哈尔滨出版社,2004 年。

6.2.2 履行对供应商、环境等的道德责任,打造良好形象及和谐关系

沃尔玛道德责任的缺失,使其树敌太多,所到之处都会引起当地业界一片震动,"狼来了"的呼声不绝于耳。促使沃尔玛履行对供应商等的道德责任的原因有三点。其一是沃尔玛对供应商过分苛刻的条件引起了很多供应商的不满。一些供应商坚决抵制压价,为此在新闻界展开了一场谴责沃尔玛的运动,指责它将自己的巨额利润建立在对供应商和员工的压榨上,造成了沃尔玛与公众公开对抗的尴尬局面。二是沃尔玛产品质量问题频繁发生。由于沃尔玛的压制,供应商利润空间很小甚至亏损,有的供应商在原材料费用上涨时就去购买低劣的原材料,或是简化对生产环节的管制,如验收,以此来降低原材料和产品生产成本,从而导致产品质量问题不断,引发了沃尔玛的诚信危机。三是沃尔玛快速扩张之后,意识到企业的第一、第二利润源全都是有限度的,要想持续实现它的"天天低价",不能单靠价格战,与供应商、同行为敌,而应采用合作的方式,开辟更多的利润源泉,如挖掘第三利润源泉——物流配送,甚至是供应链利润,获取更丰富的利润来源。

意识到这个问题后,沃尔玛摒弃了压榨供应商的传统竞争方式,转变为视供应商为合作伙伴,与供应商共同发展。即使是与同行的关系,也由原来你死我活的纯粹竞争转变为在竞争中求合作,在合作中求发展。80年代末,沃尔玛从"一味地砍价"转变为"帮助供应商降低成本",开始全面改善与供应商的关系,主要通过计算机联网和电子数据交换系统与供应商共享信息,从而建立伙伴关系,然后凭借先进的管理和技术,指导供应商进行内部改善,帮助供应商降低成本并提高质量,保证了其合理的利润空间,顺理成章地降低供应价格,从而实现了真正的合作共赢。沃尔玛与其供应商的关系也日趋稳定。以中国的沃尔玛店为例,沃尔玛在中国的经营始终坚持本地采购,与中国近2万家供应商建立了合作关系,销售的产品中本地产品超过95%。2006年8月,在上海商情及快速消费品研究中心组织的《2006年度供应商满意度调查报告》中,沃尔玛多项满意度指数名列前茅,被供应商评为"满意的连锁企业"。

沃尔玛在同行竞争中也不再采用降价手段,而是形成同盟,避免恶性竞

争。沃尔玛把更多的精力放在产品促销及客户服务上,开始更多地关注自我形象及环境保护,积极履行企业社会责任,尤其是企业的经济责任、法律责任、道德责任,为沃尔玛及其供应链的持续发展奠定了基础。

6.2.3 履行对社会公众等的慈善责任,实现可持续发展

从沃尔玛履行慈善责任的方式来看,早期沃尔玛主要以捐赠为主,目的就是提高自己的声誉。如1983年以来,沃尔玛为美国各州"联合之路"慈善机构捐赠了5200万美元;1988年以来,为协助各儿童医院开设的"儿童的奇迹"电视栏目,沃尔玛为其筹集了5700万美元,是其中最大的赞助商。随着声誉的提高,沃尔玛将慈善责任履行内容和模式进行了扩展,除了捐赠,它还开始资助公、私立学校,成立特殊奖学金,资助贫困学生,如将自创品牌"山姆美国精选"商品营业额的一定比例捐作奖学金,提供给研究数学、科学与计算机的学生。如今,沃尔玛已经将慈善责任扩展到了回馈社区、关注环境可持续发展、支持教育及救助灾区、关注妇女经济独立以及营养与健康等多个方面,成为企业社会责任履行的典范。其网站信息披露,自1996年进入中国以来,沃尔玛在全国范围内累计向各种慈善公益事业捐献了超过7200万元人民币的资金和物品,沃尔玛全国员工在社会公益事业方面投入了累计21万多个小时。

6.3 基于企业社会责任的"宝玛"合作关系优化及利益共享

6.3.1 基于企业社会责任的沃尔玛供应商选择

随着沃尔玛企业社会责任的履行,其对供应商的选择标准也有所变化,见表6.3。早期沃尔玛对所有供应商提供免费进场的政策,对供应商的选择重点关注价格、质量、交货及时等指标,甚至只关心供应商能提供多低的价格,至于供应商如何提供、花费多少、付出多少,沃尔玛是毫不在意的。现在沃尔玛选择供应商的标准主要在于评估供应商是否能保证长期而稳定的供应,其生产能力是否能配合公司的成长而相应扩展,其产品未来的发展方向

能否符合公司的需求,以及其是否具有长期合作的意愿等。随着企业社会责任的缺失带来的诸如产品质量低下、"血汗工厂"、环境污染、败德行为、与供应商关系恶化等问题的发生,沃尔玛开始关注供应商的整体社会责任,并将其逐渐细化到供应商选择的指标体系中。如为了消除因产品质量不过关而发生退货的现象,沃尔玛要求所有供应商申报加工工厂的名称以及厂址。这就意味着万一商品发生质量问题,沃尔玛希望准确找到问题的根源。在美国,沃尔玛要求所有的供应商必须遵循执业所在国家的法律要求和工业标准(包括这些国家的劳工和雇佣法)及任何相关的美国法律。2009年,沃尔玛与中国供应商签订新的协议,要求所有厂家必须承诺遵守所在地法规,达到严格的社会责任和环保标准,并提供相关的认证和证明。这一要求表明沃尔玛对供应商的要求由原来只重视经济责任扩展到了重视整体企业社会责任。沃尔玛除了对供应商提出上述要求外,还要求供应商也要监督上游工厂的企业社会责任。同时,沃尔玛会随机审核供应商,并要求所有的供应商接受第三方的审核,如发现供应商有不合格之处,将直接取消其供应商资格。

表6.3 沃尔玛不同发展阶段的供应商选择标准

阶段	社会责任履行状况	合作关系重心	供应商选择标准
现阶段	主动履行慈善责任		声誉、长期合作意愿、社会责任和环保认证等
中期	主动履行法律责任 主动履行道德责任	战略合作关系	质量、声誉、合作意愿、信息透明、守法等
初期	主动履行经济责任 被动履行法律责任	普通合作关系	价格、质量、交货期等

6.3.2 沃尔玛与宝洁初期互为普通伙伴关系的运作

起初,沃尔玛和宝洁选择合作都是因为对方的名声,沃尔玛是零售业巨头,宝洁是日用消费品的领头羊,当然沃尔玛也看中宝洁的产品,但当时双方仅仅是纯粹的买卖关系,各自追求自身利益最大化的合作过程充满了不愉快乃至冲突。虽然当时沃尔玛是宝洁最大的客户,宝洁也是沃尔玛最大的供应商,但沃尔玛把宝洁视为竞争对手而不是合作伙伴,它采用强势的渠道策略,竭尽所能压低进货价格。沃尔玛声称,任何一个企业都必须接受它的价格政策,宝洁也不能例外。而在其卖场内,过低的销售价格触怒了宝洁。宝洁认为,过低的价格一来降低了宝洁产品的品牌形象,二来打破了宝洁一向的产品价格体系。宝洁作为全球最大的日化厂商,要求沃尔玛提高宝洁产品的销售价格并将其摆放在位置更好的货架上。沃尔玛与宝洁因为供货价格和货架位置等问题经历了长时间的激烈谈判和角力。而沃尔玛并没有选择屈服,而是不甘示弱地坚持自己"天天低价"的策略,并一度宣布要停止宝洁的供货。那几年里,清退下架的威胁、停止供货的反击、口水战以及笔墨官司,两强的争斗进入白热化阶段[①]。沃尔玛认为宝洁是最难打交道的供应商,宝洁认为沃尔玛是最难搞定的经销商。合作和责任意识的缺失,导致这场冷战的最后并没有赢家,双方关系和利益都在交战中受到了重创。

6.3.3 基于企业社会责任的"宝玛"战略伙伴关系优化及利益共享

沃尔玛与宝洁的合作关系构建与优化过程是供应链逐步推进社会责任、优化合作关系和利益分配的最好见证。

1987年,沃尔玛和宝洁开始各自的反思,双方很快认识到深度合作的好处。沃尔玛的老板 Sam Walton 对宝洁公司客户服务副总裁 Ralph Drayer 说:"我们的做事方式都太复杂了。事情应该是这样的——你自动给我送货,我按月寄给你账单,中间的谈判和讨价还价都应该去掉。"此后,双方高层经过多次面谈,都意识到他们之间最根本的问题就是由于以往双方都没有尽到责任而导致了现在的缺乏信任。双方都把对方视为竞争对手,怀疑对方的目的和动机,小心翼翼地守护好给自己带来竞争优势的战略和信息,不轻易泄漏给对方。最后他们得出结论:他们并不是真正的敌人,如果双方能更开放、更有效地沟通,建立互信的关系,对双方企业的发展都将是重要的、积极的推动。他们也都意识到只有深度合作的意愿是不够的,双方都要负起责任,消除摩擦,才能确保合作效益。当时宝洁已经开始尝试与通用电气的紧密合作,并且取得了显著的提高和改进。这一结果让沃尔玛意识到,

---

① 唐业富:《B2B 电子商务供应链协同管理研究与应用》,江西理工大学硕士学位论文,2009年。

一旦解决了信任问题,就能带来全新的思维方式和沟通平台。于是,沃尔玛与宝洁高层之间展开了一系列对话和会议,重新定位双方的关系,确定了深度合作的形式和方法,计划在3个月内构筑新型的产销关系。为此,宝洁和沃尔玛组建了一个协作团队,并借助计算机开始实现信息共享,利用新型的信息技术对整个业务活动实行全方位的管理。

宝洁为促进"帮宝适"婴儿纸尿裤的销售,在沃尔玛分店里安装了一套"持续补货系统",双方借助电子数据交换(Electronic Data Interchange, EDI)和卫星通信实现信息共享。从此,宝洁公司可以轻松而及时地监控纸尿裤在沃尔玛门店及物流中心的销售情况、库存情况,甚至是销售价格等数据,这样一来就相当于宝洁公司直接面对客户,并对客户的购买信息了如指掌。借助这些客户购买信息,宝洁公司可以及时根据客户需求制订出适时的生产和研发计划[1],同时能针对沃尔玛的任何一个单品进行库存管理,做到连续补货,消除了以前滞销商品库存过多,与此同时畅销商品断货的情况,大大地降低了商品流通成本[2]。同时,沃尔玛也越来越轻松,专注于产品促销和门店管理,库存和进货由制造商管理库存(Manufacture Management Inventory,MMI)系统实行自动进货。沃尔玛的各个店铺都根据运作经验设定一个安全库存水平,一旦库存低于该值,计算机就会通过通信卫星自动启动向宝洁纸尿裤工厂的订货业务。宝洁再根据系统传来的信息,及时将商品配送到沃尔玛各个门店,并实施在库管理[3]。由于双方企业之间避免了每笔交易条件(如配送、价格问题)的谈判和人工处理,大大缩短了商品订货周期及供应链整体运作周期,降低了订货成本和供应链整体运作成本,提高了供应链运作效率。

合作的第一年,宝洁与沃尔玛就尝到了改善合作关系、履行企业社会责任的好处,宝洁公司在美国国内市场销售中的11%都是通过沃尔玛实现的,第二年这个数据上升到了20%(即156亿美元的20%)。事实证明,宝洁公司与沃尔玛的第一次深入合作,对双方都产生了显著的绩效,如表6.4所示。沃尔玛店铺中宝洁公司的纸尿裤商品周转率提高了70%;宝洁公司的纸尿裤销售额也提高了50%,达到了30亿美元。这次合作巨大的成功为沃尔玛

---

[1] 杨俊锋:《沃尔玛与宝洁的供应链协同管理》,《中外企业文化》,2006年第12期。
[2] 范恩辉:《"宝洁-沃尔玛供应链"管理模式浅析》,《中国外资》,2006年第11期。
[3] 王先庆:《沃尔玛零售方法》,广州:广东经济出版社,2004年。

第六章 案例分析——"宝玛"供应链社会责任推进及利益分配优化启示

和宝洁双方全面控制成本、推进深层合作打下了良好的基础①。

表 6.4 宝洁与沃尔玛首次合作绩效表

沃尔玛	宝洁
交易成本的下降	交易成本的下降
在库成本和风险的压缩	借助 MMI 系统使企业营销计划的制订和实现变得非常容易
无纸贸易所产生的间接费用的下降	通过自动订货系统使得在库成本和风险消减的努力成为可能
人员管理、再配置等人力费用的下降	产销联盟战略的实施提高了工厂的生产率,降低了原材料的调拨成本,以及由于价格波动而产生的机会成本
多环节流通费的下降等	排除了中间环节,节约了流通成本

1995 年,宝洁和沃尔玛在前期合作的基础上,合力启动了协同式供应链库存管理 CPFR(Collaborative planning、forecasting and replenishment,协同计划、预测与补货)流程,构成了一个持续提高的循环。流程实施的结果是双方的经营成本和库存水平都大大降低,Warner-Lambert 公司订单满足率从 87% 提高到 98%,新增销售收入 800 万美元。沃尔玛分店中的宝洁产品利润增长了 48%,存货接近于零。

基于以上成功的尝试,宝洁和沃尔玛的合作已经超越了单纯的物流层面,涉及信息管理系统、物流仓储体系、客户关系管理、供应链预测与合作体系、零售商联系平台以及人员培训等多个方面,如宝洁和沃尔玛开始共享最终顾客的信息和会员资料;当沃尔玛发现宝洁的产品因包装容易打开而容易失窃,及时把玉兰油的包装盒改成蛤状;把佳洁士的美白牙贴做大,然后额外附上了一层塑料层;宝洁特意为沃尔玛设计一些产品,比如中档的咖啡 Veneto,因其与其他公司的产品显著不同,也取得了不错的成效。宝洁公司为了促进与沃尔玛的关系,设置了面向沃尔玛的专门的客户业务发展部,以项目管理的方式与沃尔玛密切合作,以求最大限度地降低成本、提高效率。

总而言之,双方负责任的做法打造了他们之间的战略合作关系,而他们的密切合作大大降低了整条供应链的运营成本,提高了对顾客需求的反应

---

① 贾尔斯著,康贻祥译:《沃尔玛连锁经营:公司成长的伟大学问》,哈尔滨:哈尔滨出版社,2004 年。

速度,更好地保持了顾客的忠诚度,为双方带来了丰厚的回报。贝恩公司(Bain & Co.)的一项研究显示,2004年宝洁514亿美元销售额中的8%来自沃尔玛;另一方面,沃尔玛2560亿美元销售额,就有3.5%归功于宝洁[①]。"宝洁—沃尔玛模式"使得原本两败俱伤的竞争关系一跃变成了双赢的合作关系,创造了制造商与零售商紧密合作的样板,也为供应链合作关系的构建和优化提供了典范。

6.4 "宝玛"供应链社会责任的推进及启示

沃尔玛和宝洁的精诚合作淡化了双方企业边界,加快了双方企业文化的融合,双方的合作领域一直延伸到企业社会责任的履行。作为全球战略合作伙伴,宝洁与沃尔玛在可持续发展领域进行了一系列成功的合作,例如"绿色中国""节水行动""地球一小时"等环保活动。正是在回馈社区、环境保护方面肩负的共同目标与使命,使宝洁与沃尔玛双方在可持续发展战略上携手并肩,不懈努力,为美化广大消费者生活、造福后人而贡献力量。

"宝洁—沃尔玛"模式(以下简称"宝玛"模式)使得原本两败俱伤的竞争关系一跃变成了双赢的合作关系,创造了制造商与零售商紧密合作的样板,也为供应链合作关系的构建和优化提供了典范。宝洁和沃尔玛合作之初,双方虽都敬畏对方在行业中的地位,深知合作可以创造更好的前景,但由于企业社会责任缺失,双方缺乏信任,合作意识薄弱,只能是纯粹交易买卖的普通合作伙伴关系。两败俱伤后,双方明确了合作基础——相互信任,要求双方都要负责任地做到:摒弃短期自我利益最大化的追逐,克服相互之间的"控制欲"和"占有欲",实施协同运作,实现"双赢"。"宝玛"模式的成功在于双方都兑现了诺言,履行了相关责任,包括利益"双赢"的经济责任,遵纪守法、履行契约的法律责任以及自律、相互信任、精诚合作的道德责任和共同推进的慈善责任。纵观"宝玛"模式的形成和发展可以看出,企业社会责任履行水平是企业及供应链可持续发展的根基。正是由于宝洁和沃尔玛企业社会责任的履行,才有了深度合作的根基和保障;也正是双方企业社会责任履行水平的不断提高,才使得双方的合作关系得到了可持续发展。"宝玛"

---

① 杨俊锋:《供应链协同管理要旨》,《上海经济》,2006年第11期。

第六章 案例分析——"宝玛"供应链社会责任推进及利益分配优化启示

从竞争关系到合作关系,从普通合作伙伴到战略合作伙伴,从你死我活的利益纷争到利益共享的过程充分展示了企业社会责任履行水平对合作关系的影响程度,也是企业分层推进企业社会责任、优化供应链合作关系、实现可持续发展的最好见证。

6.5 本章小结

本章以沃尔玛企业社会责任及合作关系为对象,对论文提出的分层可持续模型及合作企业的关系优化及利益分配进行了案例分析。首先,结合沃尔玛早期企业社会责任履行状况,分析了沃尔玛早期社会责任缺失的表现及后果;其次,剖析了沃尔玛分层可持续履行企业社会责任、实现叮持续发展的整个过程;最后,分析了沃尔玛和宝洁从竞争关系到合作关系,从普通合作伙伴到战略合作伙伴,从你死我活的利益纷争到利益共享的过程,验证了基于企业社会责任的供应链合作关系优化及利益分配的理论假设,同时也为我国企业履行社会责任及优化供应链合作关系提供了范例。

第七章 共同富裕下基于企业社会责任的供应链利益分配优化分析

7.1 当前供应链利益分配不合理引发的系列问题分析

供应链各成员企业参与供应链合作,其最终目的是实现各供应链成员企业的共赢。实现共赢的衡量标准就是各自利益的获得,对此,首先要保证供应链实现整合效应及共赢,然后建立起一套合理、公正的供应链合作利益分配机制。只有通过公平合理的供应链利益分配机制,才能协调和保证各个合作企业的自身利益,并保证整条供应链的有效和稳定运行。供应链的合作共赢和稳定运行有两个最基本的前提条件:一是各成员企业合作后的供应链整体收益要大于各合作主体的收益之和;二是供应链各成员企业经过长期的合作后最终分得的收益肯定要比没有合作获得的收益多。这同时要求供应链的合作收益分配机制与其他一般性合作收益分配机制有所区别。

同一条供应链上的各成员企业存在利益分配上的竞争,而整条供应链要高效运行,必然要使所有成员企业都满意,即制定合理的供应链收益分配机制,如果利益分配不合理,则会引发一系列问题,如利益纷争、关系恶化、产品质量缺陷、客户流失等,严重的甚至导致供应链断裂。可见,供应链利益分配不是一个简单的分配问题,而应该从供应链成员合作模式和运作管理上进行整体设计,形成利益共享、风险共担且公平合理的利益分配机制。当前各领域供应链合作利益分配并不理想,以此带来的问题和矛盾也层出不穷,下面以当前问题最突出的农产品供应链中的小农户利益为例,分析当前供应链利益分配情况及存在的问题,这也是当前实现共同富裕迫切需要解决的主要问题。

第七章　共同富裕下基于企业社会责任的供应链利益分配优化分析

7.1.1　新形势下小农户供应链面临的问题及挑战

党的十九大报告明确提出要发展多种形式的适度规模经营,加快实现小农户和现代农业发展的有机衔接①。国务院办公厅就小农户扶持、小农户能力提升、农业现代化推进提出了多项促进政策和意见,地方和企业也纷纷推进"农超对接""农批对接""农社对接"等模式,积极探索多种形式的农产品产销对接活动。近几年,小农户凭借反应快速、调度灵活以及精耕细作、生态养殖及个性化模式等独特优势,在解决社区居民生活保障方面发挥了独特的作用。今后如何完善和优化小农户农产品供应链,继续保持小农户优势地位,持续拓宽小农户增收渠道,使小农户成为现代农业产业链的积极参与者和直接受益者,已成为实施乡村振兴战略、实现共同富裕的关键所在。

新年开春原本是养殖小农户的"致富季"和"畅销季",但新冠病毒感染的大规模发生彻底打破了市场规律,对农产品供应链供需产生了巨大冲击,从生产到消费,整条供应链都面临着严峻的挑战,加之道路和社区封闭等措施,农民"卖难"和市民"买难"并存,农产品面临着价格走低、销路不畅,一端积压卖不出去、一端缺货断货等问题。这也催发了农产品供应链的新变化,如社区需求开始集中,微信群团购成为新时尚,居民们统一采购,物流一次性送货上门;在线交易成为新选择,网上订货大幅增长;无接触配送流行,小区门口无接触自取成为常态。

新冠病毒感染给农产品供应链带来了巨大变化,也提供了新的契机,催生了由小农户占据主体地位、直接对接消费者需求的农产品供应链转型升级。但是在此期间,处于供应链源头的小农户在发挥快速反应、灵活调度优势的同时,也暴露了缺乏核心竞争力、电商服务能力弱、质量意识淡薄、增收渠道单一等问题。小农户及其农产品供应链的转型迫在眉睫,成为当前促进农产品供应链提质增效、小农户衔接大市场迫切需要解决的问题。

---

① 中共中央党史和文献研究院:《习近平关于"三农"工作论述摘编》,北京:中央文献出版社,2019年。

7.1.2 小农户在农产品供应链的地位和收益现状

"大国小农"的基本国情决定了我国从事传统种养业的小农户存在的长期性。第三次农业普查数据显示,在全国农业经营主体中,小农户占98%以上;在农业从业人员中,小农户约占90%,小农户仍然是我国农业构成的基本面和乡村振兴的根本力量。作为农业产业链最基本、最重要、数量最庞大的主体,小农户处于产业链源头,从根本上决定了原材料的质量和品质,是产业链的根本保障。

当前小农户参与农产品供应链运作的主要模式是与农业龙头企业和合作社合作①,通过"龙头企业+农户""合作社+农户""超市+农户""电商平台+农户"等模式衔接市场。当前农业发展中长期存在的片面追求规模经营,补贴分配不合理,人为归大堆、垒大户等现象,致使小农户普遍面临着"补贴多到手少""丰产但不丰收""知识和技术两极分化""渠道单一处于弱势""营销理念落后""融资渠道和创新匮乏"等困境。在现有的农产品供应链中,小农户大多依附于龙头企业和合作社,受到企业和农业大户的利益挤压,很难在供应链中拥有主体地位和话语权,自身利益难以保障,面临着被边缘化和被忽视的危机。

小农户利益被过分挤压和被忽视已严重影响了供应链质量和效率,甚至导致供应链断裂,给企业和行业带来灾难性后果,"三聚氰胺"和"皮革奶"等事件已充分说明了这一点。当前农产品供应链的质量参差不齐、流通贵、标准缺、居民买菜贵和农民卖菜难等问题,一直阻碍着供应链运行效率和成效的提升。小农户长期被忽视也容易带来一系列社会问题,如小农户脱贫增收渠道单一、"无业农民"出现、土地零碎化经营、"空心村"现象、留守老人和儿童问题等,严重影响了居民幸福指数。构建确保小农户主体地位和切身利益的农产品供应链,将其引入现代农业发展轨道,是快速实现乡村振兴和小农户脱贫致富的重要途径。

---

① 孙东升、孔凡丕、陈学渊:《小农户与现代农业衔接的经验、启示与建议》,《农业经济问题》,2019年第4期。

第七章　共同富裕下基于企业社会责任的供应链利益分配优化分析

7.2 当前小农户参与农产品供应链的模式和利益问题分析

党的十九大要求重视小农户的主体地位，加快实现小农户和现代农业发展有机衔接，夯实脱贫攻坚和乡村振兴战略的基础。国内外大量学者论证了小农户参与农产品供应链的重要性及意义。蒋永穆论证了新时代发展小农户有助于产业兴旺和生活富裕[1]；Maertens[2]、张悦[3]、贾兆颖[4]等研究发现小农户参与农产品供应链，可以提高收入水平、获得资金和技术的支持，有助于实现脱贫致富；颜廷武等提出通过培育和优化农产品供应链带动小农户减贫增收致富，是当前市场化减贫的重要方向[5]。

小农户本应是农产品供应链的主力军和供应源头，但一直处于"高成本、低收益"的尴尬境地，有的甚至被迫退出了农产品供应链，究其原因，主要是小农户出于自身规模和能力的限制，加入现代农产品供应链存在诸多障碍，同时生产成本过高、缺乏市场信息，一直面临着利益被挤压和被边缘化的不公平处境，缺少在供应链中的话语权和主体地位[6]。小农户通常在关注自身利益的同时，还会关注和比较供应链中的企业、超市、其他农户等成员利益，过大的利益偏差或不公平的利益分配会导致其与其他农产品供应链节点企业"两败俱伤"，引发严重的农产品质量和服务问题，如"三聚氰胺""毒生姜"等事件。

---

[1] 蒋永穆,刘虔:《新时代乡村振兴战略下的小农户发展》,《求索》,2018年第2期。
[2] Maertens M, Minten B, Swinnen J: Modern food supply chains and development: Evidence from horticulture export sectors in Sub-Saharan Africa, Development Policy Review,2012年第4期。
[3] 张悦:《农产品供应链变革对小农户的影响及我国的对策》,《宏观经济研究》,2012年第9期。
[4] 贾兆颖,王哲璇,张金乐,等:《美国、英国、日本生鲜电商行业发展模式对中国的启示》,《世界农业》,2016年第8期。
[5] 颜廷武,张童朝,贺孟业,等:《农产品供应链对农户减贫增收的关联效应分析——基于滇、桂、苏、闽四省(区)的实证》,《农业现代化研究》,2015年第6期。
[6] 韩喜艳,刘伟,高志峰:《小农户参与农业全产业链的选择偏好及其异质性来源——基于选择实验法的分析》,《中国农村观察》,2020年第2期。

7.2.1　小农户在农产品供应链中的自身优势

新冠病毒感染的突发彰显了小农户农产品供应链的灵活应变优势,"封城"下的"社区团购"帮助很多社区解决了"买菜难"问题。小农户作为我国农业的基本面,全国98%以上的农业经营主体仍是小农户,占农业从业人员的90%[①],其脱贫致富并融入农业发展大格局是解决小农户的独立分散经营无法对接大市场、落后生产无法衔接现代农业、不平衡不充分发展无法提升农民幸福感等矛盾的关键,为此国家印发了《关于促进小农户和现代农业发展有机衔接的意见》,全面构建小农户的社会化服务体系,帮助和引导小农户打造并发挥其自身优势,保障其在农产品供应链中的主体地位和切身利益。

(1) 精细化生产、高效率产出契合了当前农产品供应链提质增效的发展要求

新冠病毒感染加快了农产品供应链的转型升级。农产品供应链急需摆脱当前由于流程冗长、环节众多、层层加价导致的产销两地产品差价大、终端毛利率低的窘境,向集约化、精细化、品牌化、产销直线对接转型升级,加快全过程的提质增效。以家庭经营为单位的小农户出于对自身利益最大化和增收的需要,自觉强化"成本、效益"意识,最大限度地提高土地单位面积产出,其精耕细作和精细管理,正好契合现代农产品供应链转型升级的需要,既有利于农业提质增效、农民持续增收,也为精准扶贫、精准脱贫提供了最直接有效的途径。

(2) 自主经营、自我治理是推进农产品供应链提质增效的内生动力源泉

家庭承包经营责任制让小农户拥有了完全自主的所有权、经营权和使用权,最大限度地激发其生产积极性,实现了从自给自足的小生产者向商品生产者、经营者的转化。同时,小农户零监督成本的自我治理模式可以最大限度地节省人力和成本,实现土地和劳动力的效益最大化,从根本上调动小农户提质增效的内在动力。

[①] 国务院第三次全国农业普查领导小组办公室,国家统计局:《中国第三次全国农业普查综合资料》,北京:中国统计出版社,2019年。

第七章 共同富裕下基于企业社会责任的供应链利益分配优化分析

(3) 灵活性、多样化是小农户应对供应链不确定性和环境变化的独特优势

小农户"小而精"的生产和经营特性，使其具备了完全自主和快速反应的能力，在日常运作中，可充分结合自身的地理条件和自然条件，利用自己的时间和资源选择灵活多样甚至个性化的生产方式，构建特色化、小众化、多样化、高附加值的产业供应链，打造"一家一特色""小而美"的多样化独特模式，借助自身的灵活决策和快速执行，在市场变化莫测、不确定性发展的环境下快速抢占商机，灵活应对供应链风险。

7.2.2 小农户参与农产品供应链的主要模式

(1) "小农户＋龙头企业"模式

"小农户＋龙头企业"模式是指小农户与实力强的龙头企业合作，加入其产品供应链，通过合同契约、反租倒包、出资参股等形式与龙头企业建立一种供销关系稳定的合作模式。这也是当前我国小农户走向市场，尤其是国际市场的主要方式。龙头企业借助这种模式整合众多小农户的分散资源，向小农户提供产前、产中和产后服务，按合同规定收购农户生产的产品，供销关系相对稳定；小农户则依托所在供应链的龙头企业拓展销售渠道，推动标准化、规模化生产，获取更多的技术、服务和融资支持，与龙头企业是"多对一"的松散关系。

(2) "小农户＋合作社"模式

"小农户＋合作社"模式指弱、散的小农户为达到规模效应和集聚效应，联合组建或加入合作社，由合作社牵头组织小农户有序生产、进行农资购买和农产品加工销售，节约了小农户进入市场的交易时间和交易费用，增强了小农户的市场话语权，让更多小农户分享规模效益。合作社可以通过末端与龙头企业或批发企业、连锁超市、农贸市场合作扩大市场；在前端可以通过订单农业、入股分红、托管服务等方式与小农户展开合作。这种模式是实现农业产业化经营的载体，提高了农民进入市场的组织化程度。这种模式虽契合整体利益，但局限于合作社发展水平。

(3) "小农户＋超市"模式

"小农户＋超市"模式指小农户与城市的各类超市达成合作，构建小农

户生产与大市场需求对接的产销一体化供应链。如构建与连锁超市的农超对接、与社区超市的农社对接、与学校超市的农校对接等模式，通过小农户与超市、社区、学校农产品的产需对接和直接供应，提升小农户生产决策的准确性和农产品供应质量，减少农产品流通成本，为小农户和消费者创造更大价值，实现超市、小农户、消费者的多方共赢[①]。

(4)"小农户+电商平台"模式

"小农户+电商平台"模式是指小农户通过互联网，加入大型电商平台，直接获取来自全国的订单，进行农产品供应和销售的一种供应链模式。这种模式不仅能够保障小农户切身利益、有效化解农业小生产和大市场之间的矛盾，而且能有效激发农民创新和创业的积极性，甚至可以使城市与农村互联互通，形成"工业品下乡""农产品进城"的双向供应链。虽然此模式受到了极大关注，但其实际运行效果并不理想，农产品上行遭遇多重障碍，如大电商门槛高、自建平台知名度难以提升、农产品质量缺乏认证、物流成本过高、冷链物流缺失等，大批小农户因农产品网上销售太难而逐渐放弃网络销售，回归传统的实体零售。

(5)"小农户+消费者"模式

新冠病毒感染对农产品供应链的影响，催生了"小农户+消费者"的供应链模式，尤其在对社区进行封闭管理后，城市居民纷纷通过电商、微信群、熟人等方式直接对接城市边缘小农户，进行下单或统一采购，由小农户或者物流快递一次性送货上门，在小区门口进行无接触自取。这种模式最大程度地缩短了供应链长度，避免了长时间的冷链物流需要，从而最大限度地降低了农产品流通成本和损耗，确保了农产品的生鲜度；同时，通过市民的提前预订，避免了农户的盲目送货和销售，大大提高了农产品收割和送货效率。这种模式真正实现了小农户与消费者的直接对接，是双方利益和福利的最大化，小农户参与积极性高。这种模式虽然已经彰显了其作用和生命力，但因受到供需双方信息不对称、农产品质量标准不一、小农户的电商服务能力弱等影响，其在竞争激烈的农产品市场上热度日渐减退。

---

① 古川，安玉发，刘畅：《"农超对接"模式中质量控制力度的研究》，《软科学》，2011年第6期。

7.2.3 小农户农产品供应链模式比较及问题分析

小农户在市场竞争中摸索出多种农产品供应链模式,不同供应链模式的合作形式、合作领域、合作关系、利益分配各不相同,小农户参与积极性也不一样,具体如表7.1所示。

表 7.1 小农户农产品供应链模式比较分析

模式	合作形式	合作领域	合作关系	利益分配	增收成效	突出问题
小农户+龙头企业	合同契约、反租倒包等	营销、服务、资源、融资等	多对一,关系松散,不对等	不同利益主体各自利益最大化	受挤压收益低,参与积极性低,小农户利益受损	信息不对称,机会主义普遍
小农户+农业合作社	订单农业、二次返利等	营销、服务、资源、融资等	多对一,关系紧密,对等	利益主体平等,整体利益最大化	增收能力不一,依赖于合作社发展水平	人为垒大户普遍,水平参差不齐
小农户(合作社)+超市	农超对接、社区直供等	营销、服务等	多对一,关系紧密,不对等	不同利益主体各自利益最大化	收益高,门槛更高,参与积极性不高	超市要求高,农户不达标
小农户+电商平台	平台直销、代销、团购等	营销、服务等	多对多,关系松散,不对等	不同利益主体各自利益最大化	收益高,成本高,参与积极性较高	产品标准不一,电商平台门槛高
小农户+消费者	社区团购、认购共享等	营销、服务等	一对多,关系紧密,对等	利益主体平等,谋求共赢	直接收益高,参与积极性高	产品标准不一,电商能力不强

(1) 合作形式和合作领域比较

从合作形式看,各种供应链模式都探索了不同情境的合作,为小农户加入供应链提供了各种途径。但就目前来看,小农户与企业实力的悬殊导致了供应链合作伙伴选择的公平性问题,大多农产品供应链都是龙头企业、超市或电商平台主导,小农户无话语权,主体优势没有充分发挥,双方要求差距越来越大,马太效应日益凸显,严重抑制了小农户参与供应链的积极性。

从合作领域来看,资源悬殊导致了资源配置的不公平,小农户虽是供应链源头,但因缺少营销、技术、服务、资源、融资等获取途径,长期处于弱势或被动依附地位。

(2) 合作关系和利润分配比较

小农户与龙头企业、超市、电商平台均是多对一的关系,无论是合作关系还是利润分配,都存在不平等,单个小农户不足以在供应链中占据优势地位,缺少选择权和话语权,利益的公平分配得不到保障;虽然合作社是目前取得规模效益、实现小农户和现代农业发展有机衔接的中坚力量,通过合作社直销、直采、直供构建紧密关系,理论上可以获得更高收益,但是目前因合作社发展水平不一,导致实际情况并不乐观;而小农户与消费者直接对接模式下,小农户通过一对一、一对多、多对多等方式构建了与消费者的紧密联系,由于特殊时期城市内资源稀缺,消费者大多对农产品服务和质量采取较为包容的态度,但当资源不再稀缺时,消费者对服务水平和质量的要求会恢复至正常水平,甚至要求更高,这对小农户来说是新的挑战。

(3) 利益保障和参与积极性比较

从小农户增收的利益保障和参与积极性来看,当前小农户与龙头企业、超市、电商平台的供应链合作模式中,因其属于不同利益主体,在龙头企业、超市、电商平台追求自身利益最大化的过程中,小农户无法与之抗衡,所以利益无法得到保障,甚至出现对小农户"高要求、高成本、低收益"的挤压现象,致使小农户增收困难,参与供应链的积极性不高;小农户与消费者直接对接的模式下,可以从根本上确保双方利益,但由于当前大多小农户弱、小、散,致使供应链服务能力跟不上消费者要求,该模式也无法成为当前农产品供应链的主流模式;通过合作社可以改变大多小农户弱、小、散的现状,获取规模效益,但当前各地的农业合作社发展参差不齐,缺少规范化管理和公平合理的利益分配机制,人为垒大户、"搭便车"现象普遍。

(4) 存在的突出问题比较

从存在的突出问题来看,长期的关系不对等导致了利益分配的不公平,小农户虽然是农产品的主要生产者,在种植和养殖过程中投入了很高的原材料、劳动和时间成本,但最终难以获得公平的收益,甚至难以回收前期成本,导致小农户保守维持或盲目跟风,没有能力和条件投入农产品深加工或者冷链包装运输,融入大市场越来越困难,始终处于供应链的弱势地位。长期的信息不对称、沟通不畅导致农产品供应链需求和标准上的矛盾,一是小农户电商能力弱,导致农产品供应链冗长,服务模式单一,需求难以直接对接,小农户和消费者双方利益受损;二是服务和标准难以统一,导致小农户无法及时跟踪和快速反应消费者需求,在提质增效和供应链优化方面无法做到持续优化。

7.3 共同富裕下基于企业社会责任的供应链利益分配优化对策

收入分配是经济社会发展的重大问题,关系人民群众切身利益和改革发展大局。完善收入分配制度是实现共同富裕的重要路径。党的二十大报告指出,要着力提升产业链供应链韧性和安全水平。供应链利益分配更是关乎当前产业链供应链安全稳定的根本。打造自主可控、安全可靠的产业链供应链首先就要构建公平合理的供应链利益分配机制,这样才能使供应链所有成员企业齐心协力,打造具有更强创新力、更高附加值、更安全可靠的现代化产业链。

当前,全面认识和准确把握"既要做大蛋糕,也要分好蛋糕"之间的辩证关系,是新发展阶段实现共同富裕的重要理论问题和实践问题,也是各领域产业链供应链企业普遍面临的挑战。"做大蛋糕"和"分好蛋糕"是辩证统一的,两者互为条件、相互促进。"做大蛋糕"是"分好蛋糕"的前提和基础,"分好蛋糕"是"做大蛋糕"的目标和手段。只有兼顾效率和公平,做大、分好"蛋糕",才能构建供应链上中下游企业、大中小企业的协同发展关系,积极推动上下游产供销有效衔接、协调运转,促进大中小企业融通创新、协同发展,真正做到固链、稳链、强链、延链,构建产业链供应链新生态,逐步实现更大发展和共同富裕。

7.3.1 强化企业社会责任意识,优化供应链伙伴选择和关系构建

构建和谐的供应链合作关系,是减少供应链不确定性、快速响应客户需求、强化供应链核心竞争力、提升客户满意度的根本保障,也是实现企业

与社会、环境的全面协调可持续发展的关键举措。当前,企业履行社会责任已经成为世界范围内的共识和潮流,得到了政府、政府间组织和各种非政府组织的广泛关注。承担社会责任有助于企业建立友好的外部环境、形成良好品牌声誉并赢得消费者的信任。现阶段,一是迫切需要全面强化企业社会责任意识,引导供应链核心和龙头企业自觉履行践行经济、社会和环境三重责任底线,发挥企业履行社会责任的表率作用,优化供应链和谐关系构建;二是构建企业社会责任评估体系,并将其纳入供应商和合作伙伴选择指标,全面优化供应链合作伙伴选择;三是构建基于企业社会责任的供应链合作生态,引导供应链龙头企业和核心企业带动中小微企业和小农户加强创新合作,建立起相互依存的合作共赢关系,在协同发展中实现共同成长和壮大。

7.3.2 推动企业社会责任履行,做大供应链整体利益"蛋糕"

供应链利益分配是供应链管理的核心,也是供应链稳定运行的基础。做大供应链整体利益"蛋糕"是分好供应链利益"蛋糕"的前提和基础,更是破解供应链利益冲突的根本。当前供应链核心企业挤占其他弱小企业应得利益的现象普遍存在,不合理的利益分配导致了供应链中断、败德行为等一系列问题的发生,严重阻碍了供应链整体利益"蛋糕"的做大以及供应链的稳定运行和高质量发展。现阶段,迫切需要全面引导和推动供应链企业社会责任履行,一起致力于把供应链整体利益"蛋糕"做得更大。一是推动供应链企业社会责任的全面履行,改变传统供应链相互竞争、彼此不信任的现象,降低供应链中败德行为的发生;二是引导供应链企业树立整体意识和大局观念,坚持底线思维,更加注重为消费者提供优质的产品和服务,最大限度地做大供应链整体利益"蛋糕";三是构建基于企业社会责任的激励奖惩机制,引导供应链资源向积极履行社会责任的企业倾斜,激励更多企业自觉履行社会责任,发挥优势,密切配合,实现供应链、企业和顾客的多赢,从而不断做大供应链整体利益的"蛋糕",为推动强国建设和实现共同富裕筑牢根基。

7.3.3 关切中小微企业切身利益，优化供应链利益"蛋糕"分配

分好供应链"蛋糕"既是做大供应链整体利益"蛋糕"的目标和手段，也是破解供应链利益冲突、确保供应链稳定运行的关键。只有兼顾效率和公平，合理分配供应链利益"蛋糕"，才能实现供应链上中下游企业、大中小企业的协同发展。当前供应链中存在的很多冲突和问题都源于供应链"蛋糕"分配的不合理。中小微企业利益被挤压是供应链核心企业和龙头企业社会责任缺失的普遍体现。当前迫切需要基于企业社会责任，优化供应链利益"蛋糕"分配机制，实现供应链大中小企业的协同发展。为此，工信部、国家发改委等十一个部门联合印发了《关于开展"携手行动"促进大中小企业融通创新(2022—2025年)的通知》(工信部联企业〔2022〕54号)，呼吁大企业加强引领带动，促进产业链上中下游、大中小企业融通创新。现阶段，迫切需要落实以上通知精神，一要督促大企业发挥龙头带动作用，吸纳并帮助中小微企业加入供应链并发展壮大，加快中小企业数字化转型，从根本上改变传统大中小企业利益竞争关系；二要推动大企业履行社会责任，关切中小微企业发展，考虑显性和隐性利益，构建基于企业社会责任的供应链利益"蛋糕"分配机制；三要全面构建基于企业社会责任的供应链利益共享和激励机制，营造"大河有水小河满，小河有水大河满"的生态发展局面，共同提升供应链稳定性和竞争力。

7.3.4 关切小农户切身利益，优化农产品供应链利益链接机制

当前，农村是实现全社会共同富裕的关键，而小农户是实现农村共同富裕的关键。在当前的农产品供应链中，小农户利益被挤压的问题更加突出，迫切需要从利益分配、合作程序、关系优化、信息共享等方面，全面、公平关切小农户切身利益，优化农产品供应链利益链接机制。

（1）分配公平关切——转变"利益掠夺"为"利益共享"，构建共享型的利益联结和分配机制

分配公平关切是指小农户对农产品的生产经营成本与最终收益之间,以及自身收益与其他供应链企业之间的公平关注和感受。传统农产品供应链由于各主体长期追求自身利益最大化造成了"利益掠夺"的思维,龙头企业超市及平台过于关注短期既定利益的分配,普遍存在挤压小农户利益的不公平分配现象,最终加剧了机会主义倾向,致使农产品质量安全问题日益严重。为推动农产品高质量发展,《国务院关于促进乡村产业振兴的指导意见》明确提出要积极培育小农户产业化联合体,引导供应链核心企业跳出"利益掠夺",树立"利益共享"的思维,与源头小农户构建起风险共担、利益共享的利益共同体,探索与小农户的契约型、分红型、股权型合作方式,一方面,把利益分配重点向产业链上游倾斜,促进农民持续增收;另一方面,通过合作和共享,不断做大共同利益的"蛋糕"。通过完善利益联结和利益分配机制,打造小农户农产品供应链利益共同体,授小农户以"渔",引导其发展新产业、新业态,拓展增收空间,一方面为根治小农户的贫困,打赢脱贫攻坚夯实基础;另一方面从供应链源头上保障农产品质量安全,提高农产品供应链整体效能和核心竞争力。

(2) 程序公平关切——结合"内部经济"和"外部经济",加快小农户的转型升级

程序公平关切是指小农户对与供应链节点企业进行农产品生产与交易过程中的合作政策及程序的公平关注和感受[1][2]。在现有的"小农户+龙头企业""小农户+农业合作社""小农户(合作社)+超市(企业)""小农户+电商平台"的农产品供应链模式中,强弱差距悬殊导致了更多的规则和决策都由身为供应链核心企业的龙头企业、合作社、超市(企业)、电商平台等制定,小农户过于弱小的处境使其完全处于被动状态,经常被迫接受苛刻的准入条件和冗长的回款周期。当前小农户应充分挖掘"内部经济"和"外部经济"来发展壮大,一方面充分挖掘"内部经济",借助自身努力、国家扶植和补贴壮大自己,提升规模和质量;另一方面充分利用"外部经济",通过借助社会化服务体系和合作社等新型市场主体的规模带动作用,实现高质量发展,完

---

[1] 陈汇才:《基于"农超对接"的潍坊市生鲜果蔬产品供应模式创新实践》,《安徽农业科学》,2012年第10期。

[2] 浦徐进、朱秋鹰、路璐:《参照点效应、公平偏好和"龙头企业+农户"供应链关系治理》,《管理工程学报》,2016年第2期。

成向家庭农场等新型农业经营主体的转型升级,融入现代农业发展,对接大市场,夯实在农产品供应链中的源头主体地位和主动权。

(3)关系公平关切——转变"单品售卖"为"资产运营",创新小农户供应链共享合作模式

关系公平关切是指小农户对合作关系中的双方或多方的关系及互动方式的公平关注和感受,也称为互动公平关切。在农产品供应链中,农户的关系公平关切代表小农户被公平对待的程度。当前供应链中,龙头企业、超市、电商平台,甚至是合作社普遍存在倾向于大户的习惯,导致农户的两极分化,小农户得不到重视和公平对待。供应链运行效率依赖成员间的协作关系,而要提升农产品供应链整体协作水平,必须跳出小农户传统的农产品单一"售卖"模式,加强小农户对土地、农技、农机等资源配置和资源运营,将经营性资产、政府拨款、村集体积累和改革性收入折股量化,变资源为资产、变资金为股金、变农民为股民,借助土地共享、田园共享、认领认购、土地托管等共享合作模式,构建紧密协作关系,合力打造品牌产品,通过分享更多品牌溢价,推动小农户共同富裕,打造和谐的供应链合作关系,推动小农户融入农业现代化发展大格局。

(4)信息公平关切——加快供应链数字化转型,打造供需对接的拉式农产品供应链

信息公平关切是指小农户对供应链运作中的市场供需、客户体验等信息共享和获取程度的公平关注和感受[1]。在传统的推式供应链模式中,信息不对称导致牛鞭效应,客户需求沿着供应链被变异放大[2]。小农户处于农产品供应链的源头,接收到的数据已严重偏离客户真实需求,导致小农户与大市场的直接对接越来越困难。供应链数字化转型给小农户带来了新的商机,借助互联网、电子商务、大数据等技术和平台,通过信息共享和线上线下结合,加快农产品供应链数字化转型升级,构建需求驱动的拉式供应链,最大限度地提升小农户农产品供需的精准对接。通过产前对市场需求的科学预测,最大限度地减少小农户种植风险;通过产中生产全过程的可视化,确

---

[1] 许芳,刘爽,徐国虎:《"公司+农户"农产品供应链中农户公平关切分析》,《当代经济》,2018年第10期。
[2] 燕晨屹,王喜富,员丽芬:《复杂供应链网络中牛鞭效应的评估》,《交通运输系统工程与信息》,2019年第1期。

保农产品质量与安全,提升客户体验;通过产后的数据分析和反馈,指导小农户生产种植,通过小农户生产与大市场需求的精准匹配,推动小农户和现代农业发展的有机衔接。

7.4　本章小结

完善收入分配制度是实现共同富裕的重要路径。供应链利益分配更是关乎当前产业链供应链安全稳定的根本。只有构建公平合理的供应链利益分配机制,才能使供应链所有成员企业齐心协力,打造具有更强创新力、更高附加值、更安全可靠的现代化产业链。当前,全面认识和准确把握"既要做大蛋糕,也要分好蛋糕"之间的辩证关系,是各领域产业链供应链企业普遍面临的挑战。本章在分析当前供应链利益分配不合理引发的系列问题的基础上,以共同富裕实现的关键——小农户为例,分析了当前小农户参与农产品供应链的模式和利益分配问题,进而基于企业社会责任,探索供应链利益分配的优化策略,为全面助力国内国际双循环、乡村振兴和共同富裕提供决策参考和经验借鉴。

第八章 结论与展望

8.1 研究结论

共同富裕是全新的资源配置和收入分配治理模式。共同富裕的实现,主要面临"蛋糕"很难迅速做大与"蛋糕"分配不公两方面的挑战,前者表现为经济增速下行压力有增无减,后者体现为利益失衡与贫富差距悬殊导致诸多社会问题与矛盾相互交织。基于企业社会责任的"第三次分配"是调节收入分配、实现共同富裕的有效路径。结合当前供应链合作关系和收益分配现状及问题,考虑企业社会责任和对小微企业和小农户利益的公平关切,优化供应链利益协调,是当前提升产业链供应链稳定性和竞争力、加快实现共同富裕的关键。

本书通过对企业社会责任的内涵及层次分析,构建企业社会责任及供应链社会责任的分层可持续模型;从企业社会责任的角度分别针对供应链普通合作伙伴及战略合作伙伴的选择进行了博弈分析;基于 Shapley 值法构建了基于企业社会责任的供应链利益分配模型,并进行了修正,分析了企业社会责任履行水平对供应链收益的影响。主要研究如下:

(1) 共同富裕下供应链利益分配的重要性分析

分析当前共同富裕下完善供应链体系建设的迫切要求,以及供应链合作关系、收益分配、企业社会责任发展现状及存在的问题,梳理国家关切中小微企业和小农户的相关支持政策,深刻领会国家相关文件精神和具体要求,分析基于企业社会责任的供应链利益分配优化的重要性和迫切性,为后续研究提供方向指导。

(2) 企业社会责任及供应链社会责任的概念界定

在对企业社会责任的认识误区进行了厘清的基础上,对企业社会责任及供应链社会责任的概念及内容进行了重新界定，明确了企业社会责任与供应链社会责任的不同之处，有利于丰富企业社会责任及供应链管理的理论研究，提升人们对企业社会责任和供应链社会责任的认识。

(3) 供应链企业社会责任界定及分层可持续模型构建研究

对企业社会责任和供应链社会责任的概念、内容、对象、履行阶段进行了分层界定，构建了企业社会责任和供应链社会责任的分层可持续模型，弥补了企业社会责任分层研究的不足，为国内企业循序渐进地推进社会责任的履行提供了一个清晰的思路和蓝图，为后续基于企业社会责任的供应链合作关系及利益分配研究提供理论依据。

(4) 基于企业社会责任的供应链合作博弈研究

在对企业社会责任履行水平量化研究的基础上，构建了供应链节点企业短期博弈和长期博弈收益矩阵，进行了普通合作伙伴和战略合作伙伴选择的博弈分析；揭示了企业社会责任履行水平与供应链合作伙伴选择之间的实质关系；探讨了研究成果对政府和行业组织、供应链主导企业和潜在合作企业的启示，为供应链合作伙伴选择、合作关系优化及企业社会责任推进提供了崭新的视角和决策参考。

(5) 基于企业社会责任的供应链利益分配模型构建与修正

纳入企业社会责任要素，构建了供应链四种合作情形的收益分配模型，并结合企业社会责任的履行水平进行了修正；基于该修正模型，分析并揭示了企业社会责任履行水平与供应链整体收益及节点企业收益的关系，从本质上构建了合理的收益分配方案，为政府和行业组织、供应链管理者、供应链节点企业优化供应链、推进社会责任的履行提供了价值参考。

(6) 典型案例分析——沃尔玛企业社会责任推进及供应链利益分配演变研究

首先，结合沃尔玛早期企业社会责任履行状况，分析了沃尔玛早期社会责任缺失的表现及后果；其次，剖析了沃尔玛分层可持续履行企业社会责任、实现可持续发展的整个过程；最后，分析了沃尔玛和宝洁从竞争关系到合作关系、从普通合作伙伴到战略合作伙伴、从你死我活的利益纷争到利益共享的过程，同时借助京东企业社会责任履行实践，验证了基于企业社会责任的供应链合作关系优化及利益分配的理论假设，同时也为我国企业履行社会责任及优化供应链合作关系提供了可借鉴的样板和范例。

(7) 共同富裕下基于企业社会责任的供应链利益分配优化研究

结合当前复杂环境对中小微企业和小农户的冲击，分析当前供应链利益分配不合理引发的系列问题；并以小农户为例，分析当前小农户参与农产品供应链的模式、利益分配现状及突出问题；最后基于企业社会责任履行，探索供应链利益分配优化策略，为全面助力新发展格局构建、乡村振兴和共同富裕提供决策参考和经验借鉴。

8.2 研究不足与展望

本书基于共同富裕的国家战略，在企业社会责任内涵界定的基础上，借助博弈论、Shapley 值法、案例分析等方法，分别对供应商社会责任、供应链合作关系、供应链利益分配进行了研究，以推进我国企业社会责任履行，加快实现供应链安全稳定和共同富裕。需要指出的是，虽然本书的研究取得了一定的成果，但在许多方面还有待进一步完善。未来的研究可以从以下方面展开：

（1）围绕供应链做大"蛋糕"和公平分配"蛋糕"的利益协调，深入调研分析供应链各主体的利益诉求和阻碍前后环节畅通的因素，从企业社会责任和公平关切的融合视角探索新发展格局构建下供应链利益协调及优化策略，构建令上下游企业增值而畅通的供应链体系。

（2）立足供应链上中下游企业、大中小企业融通创新，探索新模式下供应链利益分配及协调策略，为加快中小微企业、小农户与大市场对接，助力推进供应链现代化水平提升、乡村振兴战略实施和实现共同富裕提供路径参考。

参考文献

英文参考文献

[1] Waller M, Johnson M E, Davis T. Vendor-managed inventory in the retail supply chain [J]. Journal of Business Logistics, 1999, 20(1): 183-203.

[2] Xu K F, Dong Y, Evers P T. Towards better coordination of the supply chain[J]. Transportation Research Part E: Logistics and Transportation Review, 2001, 37(1): 35-54.

[3] Shapley L S. A value for n-person games[M]//Kukn H W, Tucker A W. Contributions to the theory of games: AM28. Volume Ⅱ. Prineton: Princeton University Press, 1953: 307-318.

[4] Kalai E, Samet D. On weighted shapley values[J]. International Journal of Game Theory, 1987, 16(3): 205-222.

[5] Faigle U, Kern W. The shapley value for cooperative games under precedence constraints[J]. International Journal of Game Theory, 1992, 21(3): 249-266.

[6] Jackson M O, Wolinsky A. A strategic model of social and economic networks[J]. Journal of Economic Theory, 1996, 71(1): 44-74.

[7] Jaber M Y, Osman I H. Coordinating a two-level supply chain with delay in payments and profit sharing [J]. Computers and Industrial Engineering, 2006, 50(4): 385-400.

[8] Krajewska M A, Kopfer H. Collaborating freight forwarding enterprises[J]. Orspectrum, 2006, 28(3): 301-317.

[9] Ellram M L. Outsourcing: Implications for supply management[J]. Supply Chain Management, 1997, 22(7): 102-114.

[10] Tatarczak A. Profit allocation problems for fourth party logistics supplychain coalition based on game theory approach[J]. Journal of Economics and Management,2018,33(9):120-135.

[11] Alboiu C. Farmers' choices in the vegetable supply chain: Problems and possibilities [J]. Agricultural Economics and Rural Development,2011,8(2):221-234.

[12] Ge H T, Nolan J, Gray R, et al. Supply chain complexity and risk mitigation—A hybrid optimization - simulation model [J]. International Journal of Production Economics, 2016, 179(3):228-238.

[13] Sun N,Trockel W,Yang Z F. Competitive outcomes and endogenous coalition formation in an n-person game[J]. Journal of Mathematical Economics,2008,44(7/8):853-860.

[14] Arani H V,Rabbani M,Rafiei H. A revenue-sharing option contract toward coordination of supply chains[J]. International Journal of Production Economics,2016,178:42-56.

[15] Kong L C,Liu Z Y,Pan Y F,et al. Pricing and service decision of dual-channel operations in an O2O closed-loop supply chain[J]. Industrial Management and Data Systems,2017,117(8):1567-1588.

[16] Panda S,Modak N M,Basu M,et al. Channel coordination and profit distribution in a social responsible three-layer supply chain[J]. International Journal of Production Economics,2015,168:224-233.

[17] Hu B Y, Meng C, Xu D, et al. Three-echelon supply chain coordination with a loss-averse retailer and revenue sharing contracts [J]. International Journal of Production Economics, 2016, 179:192-202.

[18] Petrosjan L, Zaccour G. Time-consistent shapley value allocation of pollution cost reduction[J]. Journal of Economic Dynamics and Control,2003,27(3):381-398.

[19] Hennet J C,Mahjoub S. Toward the fair sharing of profit in a supply network formation [J]. International Journal of Production

Economics,2010,127(1):112-120.

[20] Wentzel L, Fapohunda J A, Haldenwang R. The relationship between the integration of CSR and sustainable business performance: Perceptions of SMEs in the South African construction industry[J]. Sustainability, 2022,14(3):1049.

[21] Coase R H. The nature of the firm[J]. Economic,1937,4(16):386-405.

[22] Parkhe A. Strategic alliance structuring: A game theoretic and transaction on cost examination of interfirm cooperation [J]. Academy of Management Journal,1993,36(4):794-829.

[23] Heide J B, Miner A S. The shadow of the future: Effects of anticipated interaction and frequency of contact on buyer-seller cooperation [J]. Academy of Management Journal, 1992, 35(2): 265-291.

[24] Gulati R, Khanna T, Nohria N. Unilateral commitments and the importance of process in alliances [J]. MIT Sloan Management Review,1994,35(3):61-69.

[25] Gulati R. Alliances and networks[J]. Strategic Management Journal, 1998,19(4):293-317.

[26] Kogut B. The stability of joint ventures: Reciprocity and competitive rivalry [J]. The Journal of Industrial Economics,1989,38(2):183-198.

[27] Hennart J F. The transaction costs theory of joint ventures: An empirical study of japanese subsidiaries in the United States [J]. Management Science,1991,37(4):483-497.

[28] Williamson O E. The economic institutions of capitalism [M]. New York: Free Press,1985.

[29] North D C. Institutions, institutional change, and economic performance[M]. Cambridge: Cambridge University Press,1990.

[30] Batt P J. Building trust between growers and market agents[J]. Supply Chain Management: An International Journal, 2003,8(1):

65-78.

[31] Kwon I W G, Suh T. Trust, commitment and relationships in supply chain management: A path analysis [J]. Supply Chain Management: An International Journal, 2005, 10(1): 26-33.

[32] Dyer J H, Chu W J. The role of trustworthiness in reducing transaction costs and improving performance: Empirical evidence from the United States, Japan, and Korea [J]. Organization Science, 2003, 14(1): 57-68.

[33] Moorman C, Zaltman G, Deshpande R. Relationships between providers and users of market research: The dynamics of trust within and between organizations[J]. Journal of Marketing Research, 1992, 29(3): 314-328.

[34] Morgan R M, Hunt S D. The commitment-trust theory of relationship marketing [J]. Journal of Marketing, 1994, 58(3): 20-38.

[35] Wernerfelt B. A resource-based view of the firm [J]. Strategic Management Journal, 1984, 5(2): 171-180.

[36] Prahalad C K, Hamel G. The core competence of the corporation [J]. Harvard Business Review, 1990, 68(3): 205-209.

[37] Barney J. Firm resources and sustained competitive advantage[J]. Journal of Management, 1991, 17(1): 99-120.

[38] Mohr J, Nevin J R. Communication strategies in marketing channels: A theoretical perspective [J]. Journal of Marketing, 1990, 54(4): 36-51.

[39] Berry L L. Relationship marketing of service—Growing interest, emerging perspective [J]. Journal of the Academy of Marketing Science, 1995, 23(4): 236-245.

[40] Jorgensen S, Taboubi S, Zaccour G. Retail promotions with negative brand image effects: Is cooperation possible? [J]. European Journal of Operational Research, 2003, 150(2): 395-405.

[41] Jeuland A P, Shugan S M. Channel of distribution profits when channel members form conjectures [J]. Marketing Science, 1988, 7

(2):202-210.

[42] Gerstner E, Hess J D. Pull promotions and channel coordination [J]. Marketing Science,1995,14(1):43-60.

[43] McWilliams A, Siegel D S, Wright P M. Corporate social responsibility: Strategic implications [J]. Journal of Management Studies,2006,43(1):1-18.

[44] Sheldon O. The philosophy of management [M]. London: Sir Isaac Pitman and Sons Ltd,1924.

[45] Dodd M E. For whom are corporate managers trustees? [J]. Harvard Law Review,1932,45(7):1145-1163.

[46] Bowen H R. Social responsibility of the business [M]. New York: Harper,1953.

[47] Eells R S F. The meaning of modern business: An introduction to the philosophy of large corporate enterprise [M]. New York: Columbia University Press,1960.

[48] Carroll A B. The pyramid of corporate social responsibility: Toward the moral management of organizational stakeholders [J]. Business Horizons,1991,34(4):39-48.

[49] Wartick S L, Cochran P L. The evolution of the corporate social performance model [J]. The Academy of Management Review,1985,10(4):758-769.

[50] Wood D J. Corporate social performance revisited [J]. The Academy of Management Review,1991,16(4):601-718.

[51] Elkington J. Cannibals with forks: the triple bottom line of 21st century business [M]. Oxford: Capstone Publishing,1997.

[52] Wood D J, Jones R E. Stakeholder mismatching: A theoretical problem in empirical research on corporate social performance [J]. The International Journal of Organizational Analysis,1995,3(3):229-267.

[53] Lee M D P. A review of the theories of corporate social responsibility: Its evolutionary path and the road ahead [J]. International Journal of

Management Reviews, 2008, 10(1): 53-73.

[54] Clarkson M B E. A stakeholder framework for analyzing and evaluating corporate social performance [J]. The Academy of Management Review, 1995, 20(1): 92-117.

[55] Subroto P H. A correlational study of corporate social responsibility and financial performance: An empirical survey toward ethical business practices in Indonesia [D]. Minneapolis: Capella University, 2002.

[56] Mercer J J. Corporate social responsibility and its importance to consumers [D]. Claremont: Claremont Graduate University, 2003.

[57] Collins J C, Porras J I. Built to last: Successful habits of visionary companies [M]. New York: Random House, 1995.

[58] Salzmanna O, Lonescu-somers A, Steger U. The business case for corporate sustainability: Literature review and research options [J]. European Management Journal, 2005, 23(1): 27-36.

[59] Al-Odeh M, Smallwood J. Sustainable supply chain management: Literature review, trends, and framework [J]. International Journal of Computational Engineering and Management, 2012, 15(1): 85-90.

[60] Castillo V E, Mollenkopf D A, Bell J E, et al. Supply chain integrity: A key to sustainable supply chain management [J]. Journal of Business Logistics, 2018, 39(1): 38-56.

[61] Goel M, Ramanathan M P E. Business ethics and corporate social responsibility—Is there a dividing line? [J]. Procedia Economics and Finance, 2014, 11: 49-59.

[62] Jones D A, Willness C R, Glavas A. When corporate social responsibility(CSR) meets organizational psychology: New frontiers in micro-CSR research, and fulfilling a quid pro quo through multilevel insights [J]. Frontiers in Psychology, 2017, 8: 520.

[63] Leal C, Lombardi M S, Basso L C. The activity of natura from the perspective of sustainable development and of corporate social

responsibility [J]. SSRN Electronic Journal,2007:23 – 27.

[64] Girdwichai L, Sriviboon C. Is supplier social sustainability vital for supplier's financial and social performance? Analyzing mediating role of firm reputation in Thailand[J]. International Journal of Supply Chain Management, 2019,8(4):369 – 379.

[65] Carter C R,Kale R,Grimm C M. Environmental purchasing and firm performance: An empirical investigation [J]. Transportation Research Part E: Logistics and Transportation Review,2000,36(3):219 – 228.

[66] Carter C R, Jennings M M. Social responsibility and supply chain relationships [J]. Transportation Research Part E: Logistics and Transportation Review,2002,38(1): 37 – 52.

[67] Su R J, Liu C P, Teng W L. The heterogeneous effects of CSR dimensions on financial performance—A new approach for CSR measurement[J] Journal of Business Economics and Management, 2020, 21(4):989 – 1009.

[68] Cruz J M. Dynamics of supply chain networks with corporate social responsibility through integrated environmental decision-making [J]. European Journal of Operational Research, 2008, 184 (3): 1005 – 1031.

[69] Hsueh C F,Chang M S. Equilibrium analysis and corporate social responsibility for supply chain integration[J]. European Journal of Operational Research, 2008,190(1):116 – 129.

[70] Ma P,Shang J,Wang H Y. Enhancing corporate social responsibility: Contract design under information asymmetry[J]. Omega, 2017,67: 19 – 30.

[71] Hsueh C F. Improving corporate social responsibility in a supply chain through a new revenue sharing contract [J]. International Journal of Production Economics, 2014,151:214 – 222.

[72] Modak N M, Panda S,Sana S S. Pricing policy and coordination for a two-layer supply chain of duopolistic retailers and socially responsible

manufacturer[J]. International Journal of Logistics Research and Applications,2016,19(6):487-508.

[73] Berle A A. For whom corporate managers are trustees: A note [J]. Harvard Law Review,1932,45(8): 1365-1372.

[74] Friedman M. Capitalism and freedom[M]. Chicago: University of Chicago Press,1962.

[75] Ho S S M, Shun W K. A study of the relationship between corporate governance structures and the extent of voluntary disclosure[J]. Journal of International Accounting, Auditing and Taxation,2001,10(2):139-156.

[76] McGuire J W. Business and society [M]. New York: McGraw-Hill,1963.

[77] Davis K. Can business afford to ignore corporate social responsibilities? [J]. California Management Review,1960,2(3):70-76.

[78] Freeman R E, Reed D L. Stockholders and stakeholders: A new perspective on corporate governance [J]. California Management Review,1983,25(3):88-106.

[79] Robbins S P. Management: 3rd ed[M]. Englewood Cliffs, NJ: Prentice Hall,1991.

[80] Mohr L A, Webb D J, Harris K E. Do consumers expect companies to be socially responsible? The impact of corporate social responsibility on buying behavior[J]. Journal of Consumer Affairs,2001,35(1):45-72.

[81] Friedman M. The social responsibility of business is to increase its profits[J]. The New York Times Magazine, 1970,32-33:122-126.

[82] Carroll A B. A three-dimensional conceptual model of corporate performance [J]. The Academy of Management Review,1979,4(4):497-505.

[83] Fahy M, Weiner A, Roche J. Beyond governance: Creating corporate value through performance, conformance and responsibility [M]. New Jersey: John Wiley & Sons,2005.

[84] McWilliams A, Siegel D. Corporate social responsibility: A theory of the firm perspective [J]. Academy of Management Review, 2001, 26 (1): 117-127.

[85] McWilliams A, Siegel D S, Wright P M. Corporate social responsibility: International perspectives [J]. SSRN Electronic Journal, 2006, 23: 1-7.

[86] Waldman D A, Siegel D S, Javidan M. Components of CEO transformational leadership and corporate social responsibility [J]. Journal of Management Studies, 2006, 43(8): 1703-1725.

[87] Riyanto Y E, Toolsema L A. Corporate social responsibility in a corporate governance framework [J]. SSRN Electronic Journal, 2007: 1-33.

[88] Ciliberti F, Pontrandolfo P, Scozzi B. Logistics social responsibility: Standard adoption and practices in Italian companies [J]. International Journal of Production Economics, 2008, 113(1): 88-106.

[89] Goering G E. Corporate social responsibility and marketing channel coordination [J]. Research in Economics, 2012, 66(2): 142-148.

[90] Carroll A B, Buchholtz A K. Business & society: Ethics, sustainability and stakeholder management [M]. Mason, Ohio: South-Western Cengage Learning, 2012.

[91] Lombart C, Louis D. A study of the impact of corporate social responsibility and price image on retailer personality and consumers' reactions (satisfaction, trust and loyalty to the retailer) [J]. Journal of Retailing and Consumer Services, 2014, 21(4): 630-642.

[92] Maertens M, Minten B, Swinnen J. Modern food supply chains and development: Evidence from horticulture export sectors in Sub-Saharan Africa [J]. Development Policy Review, 2012, 30(4): 473-497.

[93] Liu Y, Xu Q A, Liu Z Y. A coordination mechanism through value-added profit distribution in a supply chain considering corporate social responsibility [J]. Managerial and Decision Economics, 2020, 41(4): 586-598.

中文参考文献

[1] 蒋永穆,刘虔. 新时代乡村振兴战略下的小农户发展[J]. 求索,2018(2):59-65.

[2] 颜廷武,张童朝,贺孟业,等. 农产品供应链对农户减贫增收的关联效应分析:基于滇、桂、苏、闽四省(区)的实证[J]. 农业现代化研究,2015,36(6):973-980.

[3] 阮文彪. 小农户和现代农业发展有机衔接:经验证据、突出矛盾与路径选择[J]. 中国农村观察,2019(1):15-32.

[4] 刘同山,孔祥智. 小农户和现代农业发展有机衔接:意愿、实践与建议[J]. 农村经济,2019(2):1-8.

[5] 许芳,刘爽,徐国虎. "公司+农户"农产品供应链中农户公平关切分析[J]. 当代经济,2018(10):27-29.

[6] 闫志军. 践行社会责任 助力共同富裕:北京民营企业的实践与思考[J]. 可持续发展经济导刊,2021(9):58-60.

[7] 马腾跃. 人民银行等八部门出台指导意见 进一步强化中小微企业金融服务[J]. 中国金融家,2020(6):27-28.

[8] 董志勇,李成明. "专精特新"中小企业高质量发展态势与路径选择[J]. 改革,2021(10):1-11.

[9] 田耿文. 发挥特色产业助力扶贫作用[N]. 经济日报,2019-10-28(13).

[10] 严东权. 学习领会习近平总书记产业扶贫重要论述 坚决打赢产业精准脱贫三年攻坚战[J]. 农民科技培训,2019(3):7-9.

[11] 施海波,李芸,张姝,等. 精准扶贫背景下产业扶贫资产管理与收益分配优化研究[J]. 农业经济问题,2019,40(3):92-99.

[12] 中国科学院中国农村发展报告课题组. 走中国特色的乡村全面振兴之路[N]. 东方城乡报,2018-11-13(B01).

[13] 拓兆兵. 脱贫攻坚为乡村振兴打牢基础[N]. 经济日报,2018-04-13(A01).

[14] 周文丽. 协调推进脱贫攻坚战与乡村振兴战略[J]. 中外企业家,2018(5):51.

[15] 姜长云,李俊茹,王一杰,等."十四五"时期促进农民增收的战略思考[J].江淮论坛,2021(2):38-44.

[16] 李伟,刘杨,兰彦堃,等.脱贫攻坚与乡村振兴战略有效衔接对策研究[J].奋斗,2021(1):58-62.

[17] 中共中央办公厅,国务院办公厅.关于促进小农户和现代农业发展有机衔接的意见[J].农村经营管理,2019(3):11-15.

[18] 苏礼和.新中国成立以来中国共产党扶贫思想与实践研究[D].福州:福建师范大学,2017.

[19] 方方.农业现代化需要龙头企业挑大梁:解读农业部《关于支持农业产业化龙头企业发展的意见》[N].中国经济导报,2012-03-29(A02).

[20] 李志明.进一步拓宽山西农民增收渠道的若干建议[J].经济师,2012(10):208-209.

[21] 乔金亮.理顺龙头企业与农民的利益关系[N].经济日报,2012-03-28(03).

[22] 徐雪高,张照新.农业产业化龙头企业要积极履行社会责任[J].农业科技与信息,2013(23):34-35.

[23] 王桂花.基于企业社会责任的供应链网络系统合作平台优化设计[J].电子测试,2015(3):66-68.

[24] 王桂花.企业社会责任认识误区厘清与概念辨析[J].江苏经贸职业技术学院学报,2015(1):49-52.

[25] 包建华,方世建.煤电冶产业战略联盟及其利益分配的博弈分析[J].运筹与管理,2002,11(5):24-29.

[26] 王凤彬.作为"二阶系统"的供应链网络组织研究[J].数量经济技术经济研究,2004,21(6):70-77.

[27] 姜大鹏,和炳全.企业动态联盟利润分配模型构建[J].昆明理工大学学报(理工版),2005,30(1):94-96.

[28] 吴昊,杨梅英,陈良猷.合作竞争博弈中的复杂性与演化均衡的稳定性分析[J].系统工程理论与实践,2004,24(2):90-94.

[29] 陈洪建,万杰.线性分配机制下零售商的行为研究[J].河北工业大学学报,2002,31(6):80-84.

[30] 王利,徐锦林.返利条件下利润最大化的销售量决策[J].华东船舶工业学院学报,1999,13(6):73-76.

[31] 李艳丽.供应链成员间的利益分配机制[J].经济论坛,2004(1):58-60.

[32] 宋俊,李帮义,王玉燕.零售商占主导地位的两级供应链企业间的博弈分析[J].经济问题,2006(9):32-33.

[33] 杨晶,江可申,邱强.基于TOPSIS的动态联盟利益分配方法[J].系统工程,2008,26(10):22-25.

[34] 公彦德,李帮义,刘涛.基于3PL和NASH谈判模型的三级SCC机制研究[J].预测,2009,28(2):60-65.

[35] 公彦德,李帮义,刘涛.基于TOPSIS法的三级CLSC综合收益协调策略[J].系统管理学报,2010,19(6):260-265.

[36] 张彬,李帮义.OEM模式下的供应链利润分配机制研究[J].价值工程,2008,27(12):71-74.

[37] 陈洪转,刘思峰,何利芳."主制造商-供应商"协同主体双重努力最优合作协调[J].系统工程,2012(7):30-34.

[38] 王桂花.供应链管理实务[M].北京:高等教育出版社,2022.

[39] 王雎.跨组织资源与企业合作:基于关系的视角[J].中国工业经济,2006(4):44-51.

[40] 王利.供应链下游成员经济合作关系与利润分配机制研究[D].南京:南京理工大学,2007.

[41] 王铁明.分销渠道变革中的渠道冲突及协调研究[D].武汉:华中科技大学,2005.

[42] 卜妙金.分销渠道管理[M].北京:高等教育出版社,2001.

[43] 雷培莉,李五四,孟繁荣.分销渠道管理学[M].北京:经济管理出版社,2003.

[44] 陈勇.基于Homans-Simon模型的供应链合作关系动态发展机理研究[J].工业技术经济,2011,30(11):22-27.

[45] 姜启军.企业社会责任与食品质量安全管理的理论和实证分析[J].华东经济管理,2013,27(2):92-96.

[46] 周延风,罗文恩,肖文建.企业社会责任行为与消费者响应:消费者个人

特征和价格信号的调节[J].中国工业经济,2007(3):62-69.

[47] 谢毅,彭璐珞,彭泗清.企业社会责任对顾客忠诚度的影响机制研究[J].华东经济管理,2013,27(2):85-91.

[48] 齐殿伟,诺敏,王玉姣.我国企业社会责任对财务绩效影响研究[J].经济纵横,2013(11):82-84.

[49] 曾明,刘佳依,钟周.企业社会责任与财务绩效关系实证研究:以食品饮料行业为例[J].财会通讯,2013(26):19-21.

[50] 王正军,王晓霞.企业社会责任与绩效相关性的博弈分析[J].经济经纬,2009(4):101-105.

[51] 曾江洪,雷黎涛.契约途径下的企业社会责任和社会资本关系[J].财经科学,2011(8):53-60.

[52] 张彦宁.企业社会责任的新内涵[J].企业管理,2005(1):9.

[53] 王茂祥.企业社会责任管理及其与和谐社会建设的关系[J].改革与战略,2012,28(12):117-120.

[54] 弗里曼.战略管理:利益相关者方法[M].王彦华,梁豪,译.上海:上海译文出版社,2006.

[55] 陈宏辉,贾生华.企业社会责任观的演进与发展:基于综合性社会契约的理解[J].中国工业经济,2003(12):85-92.

[56] 柴文静.企业社会责任的"黄金"法则[J].21世纪商业评论,2007(4):86-90.

[57] 胡孝权.企业可持续发展与企业社会责任[J].重庆邮电学院学报(社会科学版),2004(2):123-125.

[58] 李培林.论企业社会责任与企业可持续发展[J].现代财经(天津财经学院学报),2006(10):11-15.

[59] 谢琨,刘思峰,梁凤岗.企业社会责任和可持续发展绩效管理体系[J].生态经济,2009(10):44-47.

[60] 周祖城.企业社会责任:视角、形式与内涵[J].理论学刊,2005(2):58-61.

[61] 贾生华,郑海东.企业社会责任:从单一视角到协同视角[J].浙江大学学报(人文社会科学版),2007(3):79-87.

[62] 马力,齐善鸿.公司社会责任理论述评[J].经济社会体制比较,2005

(2):138-141.

[63] 马力,齐善鸿. 西方企业社会责任实践[J]. 企业管理,2005(2):108-109.

[64] 田祖海. 美国现代企业社会责任理论的形成与发展[J]. 武汉理工大学学报(社会科学版),2005,18(3):346-350.

[65] 张志强,王春香. 西方企业社会责任的演化及其体系[J]. 宏观经济研究,2005(9):19-24.

[66] 陈迅,韩亚琴. 企业社会责任分级模型及其应用[J]. 中国工业经济,2005(9):99-105.

[67] 鞠芳辉,谢子远,宝贡敏. 企业社会责任的实现:基于消费者选择的分析[J]. 中国工业经济,2005(9):91-98.

[68] 黄速建,余菁. 国有企业的性质、目标与社会责任[J]. 中国工业经济,2006(2):68-76.

[69] 张鹏飞. 企业社会责任绩效评价研究:以伊利集团为例[D]. 南京:南京航空航天大学,2009.

[70] 金立印. 企业社会责任运动测评指标体系实证研究:消费者视角[J]. 中国工业经济,2006(6):114-120.

[71] 赵涛,刘保民,朱永明. 基于员工权益的企业社会责任评价体系探讨[J]. 郑州大学学报(哲学社会科学版),2008(2):80-82.

[72] 苗婷婷,徐鑫. 基于过程视角的企业社会责任评价指标体系[J]. 吉林工商学院学报,2010,26(3):63-69.

[73] 李正. 企业社会责任与企业价值的相关性研究:来自沪市上市公司的经验证据[J]. 中国工业经济,2006(2):77-83.

[74] 袁建明,姚禄仕,陈燕. 我国上市公司可持续发展的实证分析[J]. 合肥工业大学学报(自然科学版),2007(3):330-333.

[75] 张秀萍,徐琳. 绿色供应链研究评述[J]. 经济管理,2009,31(2):169-173.

[76] 张王子旭,李帮义,刘苗. 基于社会责任的汽车召回成本分担机制研究[J]. 市场周刊(理论研究),2011(10):39-40.

[77] 陶菁. 全球供应链中的企业社会责任价值分配[J]. 开发研究,2009(4):78-81.

[78] 缪朝炜,伍晓奕.基于企业社会责任的绿色供应链管理:评价体系与绩效检验[J].经济管理,2009,31(2):174-180.

[79] 刘京.考虑零售商公平关切的绿色供应链决策研究[D].青岛:青岛大学,2019.

[80] 杨淑萍.从中外观点谈企业经济责任与社会责任的关系[J].商业时代,2009(20):52.

[81] 普拉利.商业伦理[M].洪成文,洪亮,仵冠,译.北京:中信出版社,1999.

[82] 卢代富.企业社会责任的经济学与法学分析[M].北京:法律出版社,2002.

[83] 刘俊海.公司的社会责任[M].北京:法律出版社,1999.

[84] 屈晓华.企业社会责任演进与企业良性行为反应的互动研究[J].管理现代化,2003(5):13-16.

[85] 左伟,朱文忠.走出企业社会责任的认识误区[N].南方日报,2010-01-10(07).

[86] 辛杰.企业社会责任研究:一个新的理论框架与实证分析[D].济南:山东大学,2009.

[87] 赵辉,李文川.我国民营企业社会责任的层次性研究[J].经济纵横,2007(10):75-78.

[88] 陈志昂,陆伟.企业社会责任三角模型[J].经济与管理,2003(11):60-61.

[89] 金文莉.基于相关利益者理论的企业社会责任层次模型[J].财会通讯,2012(6):103-107.

[90] 陈昕.企业社会责任表现的结构维度层次及其差异[J].暨南学报(哲学社会科学版),2013,35(2):136-142.

[91] 刘建秋,宋献中.契约理论视角下企业社会责任的层次与动因:基于问卷调查的分析[J].财政研究,2012(6):68-71.

[92] 陈宏伟.我国民营企业社会责任问题研究[D].西安:西安理工大学,2009.

[93] 许正良,刘娜.企业社会责任弹簧模型及其作用机理研究[J].中国工业经济,2009(11):120-130.

[94] 陈姗姗.耐克"血汗工厂"风波凸显声誉管理价值[N].第一财经日报,2005-08-29.

[95] 龙新.农业农村部公布农产品质量安全监管执法典型案例[N].农民日报,2021-02-26(004).

[96] 黄群慧,彭华岗,钟宏武,等.中国100强企业社会责任发展状况评价[J].中国工业经济,2009(10):23-35.

[97] 彭华岗.中国企业社会责任信息披露理论与实证研究[D].长春:吉林大学,2009.

[98] 孙宏英.供应链合作伙伴关系的动态性研究[D].沈阳:沈阳工业大学,2005.

[99] 高杲,徐飞.战略联盟高失败率的研究现状与展望[J].现代管理科学,2009(12):5-6.

[100] 王洋,张子刚,郭志东,等.企业联盟高失败率的原因剖析与对策[J].科技进步与对策,2002(11):98-100.

[101] 胡耀辉,刘一宁.辨析企业技术创新联盟不和谐的关键原因[J].科技管理研究,2006(12):224-226.

[102] 宝贡敏,赵卓嘉.中国文化背景下的"关系"与组织管理[J].重庆大学学报(社会科学版),2008(2):46-52.

[103] 卓翔芝,王旭,王振锋.基于Volterra模型的供应链联盟伙伴企业合作竞争关系研究[J].管理工程学报,2010,24(1):134-137.

[104] 李芸,战焰磊.论公共危机中的民营企业社会责任[J].南京社会科学,2012(12):20-25.

[105] 马英华.企业社会责任及其评价指标[J].财会通讯(学术版),2008(8):40-42.

[106] 黄知然.企业社会责任评价体系及其机制研究[J].吉林工商学院学报,2013,29(1):73-76.

[107] 叶陈刚,曹波.企业社会责任评价体系的构建[J].财会月刊,2008(18):41-44.

[108] 蔡月祥.企业社会责任评价模型及标准研究[J].生态经济,2011(12):126-129.

[109] 王艳丽,叶瑛.循环经济模式下社会责任评价指标体系的构建[J].会

计之友,2011(26):21-22.

[110] 陈永丽,邹航.基于环境价值链的企业绩效评价体系研究[J].经济体制改革,2012(2):118-122.

[111] 赵全山.浅议企业社会责任评价体系构建:基于层次分析法[J].中国总会计师,2013(7):76-77.

[112] 杨钧.企业社会责任评价模型:基于中国中小企业的实证分析[J].未来与发展,2010(3):68-71.

[113] 易凌,林建原.企业社会责任测度指标的研究现状及其评价方法[J].中国软科学,2010(S2):281-286.

[114] 王楠,苗迪.SPSS因子分析在企业社会责任评价中的应用[J].价值工程,2012(3):112-113.

[115] 张英奎,翟垒垒.基于DEA的我国食品企业社会责任效率评析[J].华东经济管理,2013(2):103-105.

[116] 杨莉,李南,李桥兴.软件项目的可拓分析[J].计算机与应用化学,2008,25(5):553-557.

[117] 蔡文.物元模型及其应用[M].北京:科学技术文献出版社,1994.

[118] 黄群慧.企业社会责任蓝皮书:中国企业社会责任研究报告[M].北京:社会科学文献出版社,2013.

[119] 王中兴,李桥兴.依据主、客观权重集成最终权重的一种方法[J].应用数学与计算数学学报,2006,20(1):87-92.

[120] 李桥兴,刘思峰.一般位值公式及一般初等关联函数构造方法[J].系统工程,2006,24(6):116-118.

[121] 李桥兴,刘思峰.基于关联度离差赋权的可拓方法[J].广东工业大学学报,2007,24(1):1-4.

[122] 王岳峰,刘伟.考虑权重的Shapley值法虚拟企业伙伴利益分配策略的改进[J].上海海事大学学报,2005(4):48-51.

[123] 胡盛强,张毕西,关迎莹.基于Shapley值法的四级供应链利润分配[J].系统工程,2009,27(9):49-54.

[124] 奎恩.沃尔玛是如何毁掉美国和整个世界的[M].孔雁,译.沈阳:辽宁人民出版社,2003.

[125] 赵文明.沃尔玛:我们与众不同[M].北京:中华工商联合出版

社,2004.

[126] 雷雨,陈青松. 中间商杀手:全球第一企业沃尔玛解读[M]. 北京:中国时代经济出版社,2004.

[127] 贾尔斯. 沃尔玛连锁经营:公司成长的伟大学问[M]. 康贻祥,译. 哈尔滨:哈尔滨出版社,2004.

[128] 唐业富. B2B电子商务供应链协同管理研究与应用[D]. 赣州:江西理工大学,2009.

[129] 杨俊锋. 沃尔玛与宝洁的供应链协同管理[J]. 中外企业文化,2006(12):53-54.

[130] 范恩辉. "宝洁-沃尔玛供应链"管理模式浅析[J]. 中国外资,2006(11):60-61.

[131] 王先庆. 沃尔玛零售方法[M]. 广州:广东经济出版社,2004.

[132] 杨俊锋. 供应链协同管理要旨[J]. 上海经济,2006(11):64-66.

[133] 中共中央党史和文献研究院. 习近平关于"三农"工作论述摘编[M]. 北京:中央文献出版社,2019.

[134] 晓军.《数字乡村发展战略纲要》内容摘要[J]. 新农业,2019(16):6-8.

[135] 田园园. 对京东企业文化的几点思考[J]. 企业改革与管理,2021(3):206-207.

[136] 黄伟伟. 京东集团发布企业社会责任报告[N]. 中国食品安全报,2018-01-11(A03).

[137] 朱海波,熊雪,崔凯,等. 深度贫困地区农产品电商发展:问题、趋势与对策[J]. 农村金融研究,2020(10):47-55.

[138] 史波涛. 首农食品携手京东共建"品质生活全产业链"[N]. 首都建设报,2020-10-21(2).

[139] 张悦. 农产品供应链变革对小农户的影响及我国的对策[J]. 宏观经济研究,2012(9):100-105.

[140] 贾兆颖,王哲璇,张金乐,等. 美国、英国、日本生鲜电商行业发展模式对中国的启示[J]. 世界农业,2016(8):39-42.

[141] 国务院第三次全国农业普查领导小组办公室,国家统计局. 中国第三次全国农业普查综合资料[M]. 北京:中国统计出版社,2019.

[142] 古川,安玉发,刘畅. "农超对接"模式中质量控制力度的研究[J]. 软科

学,2011,25(6):21-24.

[143] 陈汇才.基于"农超对接"的潍坊市生鲜果蔬产品供应模式创新实践[J].安徽农业科学,2012,40(10):6263-6264.

[144] 浦徐进,朱秋鹰,路璐.参照点效应、公平偏好和"龙头企业＋农户"供应链关系治理[J].管理工程学报,2016,30(2):116-123.

[145] 燕晨屹,王喜富,员丽芬.复杂供应链网络中牛鞭效应的评估[J].交通运输系统工程与信息,2019,19(1):208-213.

[146] 韩喜艳,刘伟,高志峰.小农户参与农业全产业链的选择偏好及其异质性来源:基于选择实验法的分析[J].中国农村观察,2020(2):81-99.

[147] 孙东升,孔凡丕,陈学渊.小农户与现代农业衔接的经验、启示与建议[J].农业经济问题,2019(4):46-50.

[148] 高士然,张乐柱,于明珠.我国小农户与现代农业衔接的经验和建议:以民勤县和罗定市为例[J].农村金融研究,2020(1):52-59.

[149] 陈友华,孙永健.共同富裕:现实问题与路径选择[J].东南大学学报(哲学社会科学版),2022,24(1):100-108.

[150] 顾海良.共同富裕是社会主义的本质要求[J].红旗文稿,2021(20):4-11.

[151] 韩保江.实现全体人民共同富裕:逻辑、内涵与路径[J].理论视野,2021(11):61-67.

[152] 马文武,苗婷.新发展阶段第三次分配促进共同富裕的逻辑与实践[J].财经科学,2023(3):59-73.